国际关系学院 主办
裴丽◎主　编　孙敏◎副主编

日本学研究

【第二辑】

Journal of Japanese Studies

时事出版社
北京

图书在版编目（CIP）数据

日本学研究．第二辑/裴丽主编．—北京：时事出版社，2024.3
ISBN 978-7-5195-0563-9

Ⅰ.①日… Ⅱ.①裴… Ⅲ.①日本—研究—丛刊
Ⅳ.①K313.07－55

中国国家版本馆 CIP 数据核字（2024）第 031949 号

出 版 发 行：时事出版社
地　　　址：北京市海淀区彰化路 138 号西荣阁 B 座 G2 层
邮　　　编：100097
发 行 热 线：（010）88869831　88869832
传　　　真：（010）88869875
电 子 邮 箱：shishichubanshe@ sina. com
印　　　刷：北京良义印刷科技有限公司

开本：787×1092　1/16　印张：15.5　字数：195 千字
2024 年 3 月第 1 版　2024 年 3 月第 1 次印刷
定价：96.00 元
（如有印装质量问题，请与本社发行部联系调换）

《日本学研究》编委会

（编委会成员按姓氏笔画排序）

主　编：裴　丽

副主编：孙　敏

编　委：欧文东　胡　欣　张　慧　徐　青

本书系 2022 年北京高等教育"本科教学改革创新项目"重点项目"一流本科建设视域下日语专业内涵式发展改革与实践"(京教函〔2022〕395 号)阶段性成果

目 录

专业建设与课程思政建设

日语课程思政共情式教学的探索与实践
　　——以国际关系学院日语系课程建设为例 ……… 欧文东　柳　青（3）
课程思政视域下的日语专业育人体系研究 ………………… 张　彤（20）
新文科背景下日语课程思政建设的探索与实践
　　——以《日本语言文化》为例 ………………… 施　晖　黄　睿（29）
新文科背景下课程思政"三维度两评价一平台"建设体系研究
　　——以国际关系学院日语系课程建设为例 ……… 孙　敏　徐　青（41）
探索大学外语教育课程思政的高质量发展之路
　　——以《现代日语语法》课程教学为例 ………………… 胡　欣（55）
外语专业课程思政建设路径研究 …………………… 孙　萌　李相征（70）
论高校课程思政的三重逻辑 ………………………………… 吴月苹（80）
高校专业日语与公共日语课程思政建设比较探索 ………… 乔　禾（92）

基础日语课程思政建设

基础日语课程教学中的思政建设研究 …………………… 王　禹（107）
基础日语课程思政元素的探索 …………………………… 纪晓晶（116）
基础日语课程中实施课程思政的探索与实践 …………… 徐秀姿（126）

视听说类课程思政建设

基于成果导向教育理论与课程思政理念的《高级日语视听说2》
　课程建设与实践 ··· 裴　丽（143）
爱国敬业教育融入《日本影视欣赏》课程教学的实践
　研究 ··· 普书贞（155）

文学类课程思政建设

多元价值视域下的《罗生门》解读 ···························· 王书玮（171）
数字人文时代《日本文学概论》课程思政的设计、实践与
　教学反思 ·· 李　莹（182）
高校《日本古典文学选读》课程全方位课程思政建设
　实践 ··· 李丽娜（194）

文化类课程思政建设

《日本概况》课融入课程思政的探索与分析 ················· 王　刚（207）
关于《跨文化交际学》课程思政的探讨与
　实践 ············ 吉林大学跨文化交际学课程思政示范课项目组（215）
高校日语教学特色课程思政建设实践探索
　——以大连海事大学"日语与中日航海文化"课程建设
　为例 ································ 陶　金　周芷冰　高千叶（228）

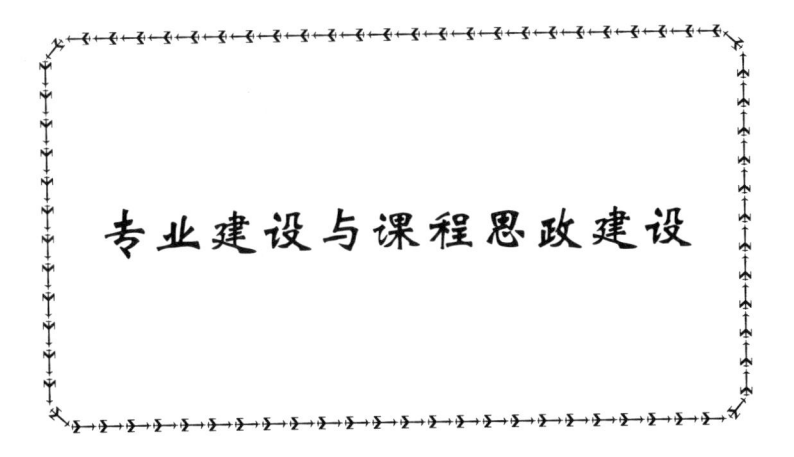

专业建设与课程思政建设

日语课程思政共情式教学的探索与实践
——以国际关系学院日语系课程建设为例

欧文东　柳　青[*]

[摘　要] 为了坚定学生的中国立场，防止学生出现中国人"外国心"的问题，课程思政必须切实发挥好课堂的主渠道作用，使思政内容供给与专业教学相得益彰，同频共振，引发学生共鸣，而不是"两张皮"和"外挂"式。其中，上好开学第一课，对学生未来"立志"和"立德"尤为重要。本文尝试建构具有可操作性的课程思政教学范式，以解决思政融入的技术问题，但共情性和真情实感比技术性更重要，唯有真情实感和具备共情性的课程思政才能发挥以文化人的感染力。日语专业课程思政教学应把加强信仰、理想信念教育，爱国主义教育，中国立场和内外有别教育放在首位，帮助学生守住意识形态阵地，出淤泥而不染。

[关键词] 课程思政　教学范式　共情式教学　思政内容供给　第一课

---

[*] 欧文东，国际关系学院外语学院日语系教授，博士，研究方向为汉日对照语言学、政治话语分析、翻译学；柳青，国际关系学院外语学院日语系硕士研究生。

一、课程思政教学理念

首先就课程思政教学理念的提出进行简单的梳理。

2016年12月7—8日，全国高校思想政治工作会议在北京召开。中共中央总书记习近平高度重视高校思想政治工作，出席会议并发表重要讲话："高校思想政治工作关系高校培养什么样的人、如何培养人以及为谁培养人这个根本问题。要坚持把立德树人作为中心环节，把思想政治工作贯穿教育教学全过程，实现全程育人、全方位育人，努力开创我国高等教育事业发展新局面。做好高校思想政治工作，要因事而化、因时而进、因势而新……要用好课堂教学这个主渠道，思想政治理论课要坚持在改进中加强，提升思想政治教育亲和力和针对性，满足学生成长发展需求和期待，其他各门课都要守好一段渠、种好责任田，使各类课程与思想政治理论课同向同行，形成协同效应。"这一重要论述首次将其他各类课程的思政（课程思政）作用摆到了与思想政治理论课（思政课）同向同行的高度，这也为高校在全国高校思想政治工作会议后，探索如何以立德树人为中心环节做好思想政治工作，落实立德树人根本任务提供了重要遵循。

2017年2月27日，中共中央、国务院印发了《关于加强和改进新形势下高校思想政治工作的意见》，要求高校强化思想理论教育和价值引领，把理想信念教育放在首位，培育和践行社会主义核心价值观，弘扬中华优秀传统文化和革命文化、社会主义先进文化，充分发挥思想政治理论课的主渠道作用，充分挖掘和运用各学科蕴含的思想政治教育资源。

在2018年的全国教育大会上，习近平总书记发表重要讲话，提出深化教育改革，构建德智体美劳全面培养的教育体系，形成更高水平的人才培养体系。高校要把立德树人融入思想道德教育、文化知识教育、社会实践教育各环节，围绕德智体美劳全面培养的目标进行学科体系、教学体系、教材体系和管理体系的顶层设计，教师要把立德树人作为教学的根本任务，学生要立志成为德智体美劳全面发展的社会主义建设者和接班人。

2019年8月14日，中共中央办公厅、国务院办公厅印发了《关于深化新时代学校思想政治理论课改革创新的若干意见》，强调：思政课是落实立德树人根本任务的关键课程，发挥着不可替代的作用。坚持思政课在课程体系中的政治引领和价值引领作用，统筹大中小学思政课一体化建设，推动各类课程与思政课建设形成协同效应。文件就如何深化新时代学校思政课改革创新提出具体的意见。

2020年5月28日，教育部印发了《高等学校课程思政建设指导纲要》，指出：全面推进课程思政建设，就是要寓价值观引导于知识传授和能力培养之中，帮助学生塑造正确的世界观、人生观、价值观。从此，高校根据《高等学校课程思政建设指导纲要》要求，以立德树人为根本任务，全面推进课程思政建设。

二、日语系课程思政的推进与实践

（一）政策解读、经验借鉴与总结

为了贯彻落实课程思政建设的工作部署，日语系于2022年9月24日召开了国际关系学院日语专业课程思政建设研讨会（线上）并取得圆满成功。在主旨发言环节，外国语言文学教育指导委员会日语分委员会主任委员和副主任委员，对教育部关于课程思政建设的政策进行了深入细致地解读，提高了日语系全体教师和与会人员对教育部推进课程思政总体思路和工作部署的认识。在高端论坛环节，北京大学、南京大学、厦门大学、广东外语外贸大学、国际关系学院、西安外国语大学、华南理工大学、首都师范大学、北京科技大学9所高校的教务处处长和日语学院（日语系）院长（系主任）介绍了各自学校和院系推进日语专业课程思政建设的先进做法和经验，进一步改善了日语专业教学管理机制，促进了日语专业课程思政全覆盖的进程。在分科会环节，多位高校教师分享了各自的课程思政教学案例，案例针对性和操作性强，及时解决了课程思政教学中普遍存在的困惑和疑问，增强了国际关系学院日语系教师做好课程思政教学的信心与决心。

此外，日语系还以论文集的形式及时将研讨会的成果固定下来，通过回头看的方式，总结日语课程思政教学实践中的成败得失，推动课程思政教学不断改进。

（二）日语系教师的课程思政实践

当接到教育部印发的《高等学校课程思政建设指导纲要》通知和教务处的工作部署之后，日语系在第一时间有针对性地修订了培养方案，出台了融入课程思政目标的新版教学大纲，并在教案中对课程思政进行了精心合理的设计。

日语系教师积极参加由教务处布置和学校工会组织的课程思政示范课比赛和遴选活动，参与课程思政示范微课和说课录制工作，并取得了不错的成绩。

面向日语本科生的《演讲与辩论》和《笔译实务》课程均使用"三进"教材，同时面向日语翻译专业硕士生开设《"习近平谈治国理政"翻译》课程，组织包括日本翻译专家在内的翻译团队，对《习近平谈治国理政》第三卷中的经典语段进行了口语版翻译，研究如何提升中华文献外译的可读性，探索政治文献日译教学的方式方法。

通过主题教育，教师们原原本本读原著，一字一句深学悟透习近平新时代中国特色社会主义思想，不断提高政治领悟力、政治判断力和政治执行力，知行合一，学以致用，将主题教育的学习成果应用到课程思政教学之中，保证了课程思政内容供给的高质量。教师们积极作为，平时注意积累，有针对性地收集与课程思政教学相关的多模态素材，确保课堂教学的共情效果。

自2020年教育部《〈高等学校课程思政建设指导纲要〉通知》下发以来，国际关系学院党委教师工作部（现更名为"党委工作委员会"）进行了顶层设计，总体布局，建立了由教务处与研究生处分别牵头，院系负责人负责落实，教研室具体推进，教师具体实施的层层落实、责任到人工作机制。同时，教务处和研究生处还建立了领导、督导、同行和学生多方参与的多元课程思政评教机制，对课程思政教学进行全方位质量监控。虽然在强有力的工作机制和质量监控机制推动下，课程思政成为专业教师的刚性教学任务，但是"教什么"和"如何教好"课程思政等问题亟待解决。

三、多维教学目标与课程思政课堂教学范式

（一）教育目标

习近平总书记指出："教育是国之大计、党之大计。培养什么人、怎样培养人、为谁培养人是教育的根本问题。"[①]

---

① 习近平：《高举中国特色社会主义伟大旗帜　为全面建设社会主义现代化国家而团结奋斗——在中国共产党第二十次全国代表大会上的报告（2022年10月16日）》，《求是》2022年第21期，第14页。

"培养什么人，是教育的首要问题。我国是中国共产党领导的社会主义国家，这就决定了我们的教育必须把培养社会主义建设者和接班人作为根本任务，培养一代又一代拥护中国共产党领导和我国社会主义制度、立志为中国特色社会主义奋斗终身的有用人才。"①

很显然，我们的教育是为党育人、为国育才。

如何培养人，其路径是立德树人。落实立德树人根本任务的方式之一是改革传统的专业教学方式，全面实施课程思政教学。在教学大纲中设置思政目标，形成融入思政的"三全"育人体系，课程思政涵盖知识技能、能力建设、教学内容、教法、教学过程和结果评价等各个方面。

（二）多维教学目标融合

2020年教育部印发的《高等学校课程思政建设指导纲要》指出，课程思政教学必须以学生为中心，产出导向，推动教学的不断改进，注重学生的学习体验。日语专业的课程思政教学目标具有多维性，至少包括日语知识技能、研究思维能力和思政引领三个方面，多维教学目标不可分割，共同形成统一的整体。

我们都知道，教学不仅仅是课堂教学，还包括课前和课后教学。课前、课堂和课后共同构成教学的三段。教学是有目的、有组织、有计划地培养人才的活动，由教师的"教"与学生的"学"共同构成。"教"的活动包括教师的备课、课堂组织实施、作业批改、教学反思与改进；"学"的活动包括知识技能学习、思维研究能力学习、课程思政的学习。此外，过程评价和结果评价对教学至关重要，教师要用好教学评价反馈，促进自己不断改进教学；学生利用好考评

---

① 习近平：《论党的青年工作》，中央文献出版社2022年版，第170—171页。

不断提高自己的学习效率，使得过程评价和结果评价成为师生良性互动和交流的重要方式。首先，评价是教师对学生的学习成效进行评判，通过肯定学生身上的优点和进步，赢得学生的好感，使得学生更愿意接受自己，有利于进一步激发学生探索知识的热情和思维的积极性。因此，教师要把如何发现学生身上的闪光点和肯定学生的进步作为重要的备课内容之一，使得学生能够从授课中获得成就感和良好的学习体验。其次，获得学生的好评也会激发教师深入研究教学的积极性。当然，对教学的评价不能仅局限于让学生有良好体验的过程评价，还应注重学生学得如何的结果评价。二者并重，不能有失偏颇。

在课前，教师的工作主要是备课。具体有分析学情，对课本进行思政挖掘与教学设计（如多模态教学、互动式教学、思政导入方式和时机等），准备教案和教学道具等，因材施教。学生的主要任务是预习，自主学习和查找文献资料等。

在课后，教师的工作主要是总结课堂教学得失，批改作业并对学生的作业作出评价。而学生的主要任务则是完成作业（个人、小组）和实践调研等。

（三）思政融入专业的课堂教学设计

课程思政教学与传统专业教学相比，既重视立德也重视树人，且思政在专业教学中必须发挥引领作用。而在思政融入专业的课堂教学实践当中，亟待解决的是专业内容与思政内容的融合问题，具体需解决三大问题：一是有无与专业内容相关联的思政元素，如果有，具体有哪些？二是围绕思政元素的故事是否生动，是否具有共情特点？三是应该在课堂教学中的哪一个时段融入思政比较合适？

1. 课堂结构与思政融入方式

一门课程通常开设一个学期,即 15 周或 16 周。思政融入设计时要着眼整个学期,首先摸清专业内容与思政元素的关联情况与具体分布,然后再确定融入课程思政的密度。低密度建议一单元一融入,中密度建议两教学周一融入,高密度建议两堂课一融入。总之,进行教学设计时要实事求是,注意课程思政与专业内容的关联性,避免出现"两张皮"和"外挂"的问题。课程思政融入密度越高越具挑战性,建议新入职的年轻教师设计课程思政融入方式时,应该先从低密度融入方式开始,经由中密度驾驭课堂娴熟之后再考虑高密度融入方式。

按照一单元一融入进行设计时,教师首先要把握专业内容的供给总量(教材等),了解教材的单元总量、章节构成和内容重点,然后确定每一单元中最能挖掘出思政资源和思政关联紧密的某一两篇课文进行思政引导教学。

按照两教学周一融入进行设计时,教师首先要充分考虑两周授课的进度、所涉及的专业文本、可挖掘的思政资源、可关联到的思政元素,然后选定具体章节进行课程思政教学。

按照两堂课一融入进行设计时务必深入了解课堂的结构。两堂课一共 90 分钟,之后安排 10 分钟的课间休息,因为 45 分钟是成年人高度集中注意力的极限。一位优秀的教师会以 3 分钟为限,每 3 分钟制造一个吸引学生的关注点,如此一来,90 分钟的教案就要设计出 30 个关注点。诚然,教案的打磨是一个长时间积累的过程,不可能一蹴而就,因此随教随改,水到渠成最好。

90 分钟的课堂是融入思政资源的主渠道,具体细分为课堂开始 A 时段、课堂开始 B 时段、中间和临结束四个时段。但不一定四个时段都必须融入思政,要实事求是,视具体情况而定,避免思政融入出现"两张皮"和"外挂"问题。

课堂（日语课）开始 A 时段以 3 分钟为宜，安排学生进行 2 分钟日语演讲，教师进行 1 分钟以内的点评。演讲题目可结合即将学到的课文内容，布置诸如"我的梦与中国梦"等题目，有意识地引导学生树立为实现中华民族伟大复兴而读书的理想信念，发挥通过演讲进行思政教育的作用。

课堂开始 B 时段相当于课堂导入，以 3 分钟为宜。教师可以通过情景导入（动漫）和歌曲导入等学生喜闻乐见的方式提出富有启发性的问题，对学生进行政治思想和价值观引导，同时构建与本课学习主题的关联，激发学生深入学习钻研的兴趣。

课堂临结束时段是对课堂重点内容的归纳与总结，如遇国家纪念日和公祭日，可以预留出 3 分钟，进行爱国主义教育。例如，在"七七事变"纪念日、中国人民抗日战争暨世界反法西斯战争胜利纪念日和"九一八事变"纪念日播放《没有共产党就没有新中国》《义勇军进行曲》《在松花江上》等红色歌曲片段。又比如，在 12 月 13 日南京大屠杀死难者国家公祭日，可以组织学生进行 3 分钟默哀，以悼念惨遭日本侵略者杀戮的死难同胞和南京大屠杀死难者。

课堂中段是正课教学，是实施专业教学和融入思政的核心环节。教师要深入研究教材文本，确认可否挖掘到思政元素，找到鲜活的思政资源。思政资源最好是多模态，使学生产生强烈的感官刺激。例如，当《笔译实务（中译日）》讲到"实践反复告诉我们，关键核心技术是要不来、买不来、讨不来的"的翻译时，笔者会播放中国科学院大学校长周琪院士在 2023 年度毕业典礼暨学位授予仪式上的如下毕业致辞：

"不久前刚刚离开我们的微电子所研究员黄令仪老师，为了尽快解决国家芯片'卡脖子'问题，年近八十依然坚守在'龙芯'研发中心。她说：'我这辈子最大的心愿就是匍匐在地，擦干祖国身上的耻辱。'（中断，哽咽）每次想到这句话，我都泪流满面。"①

黄令仪老师的话语特别感人，笔者看了一遍又一遍，相信同样能够感动到学生，希望他们能以老一辈优秀科学家为榜样，从经济社会发展和国家安全面临的实际问题出发，发奋学习，尽快成长为国之栋梁，为国家排忧解难。

教师要讲好课程思政，重要的是通过主题教育学习等方式，不断提高自己的政治思想理论水平，同时结合教材文本内容，注意不断收集整理能够感动自己和自己认同的思政素材，但同时要避免使用有可能引起负面关联的素材。

2. 上好第一课至关重要

求学伴随着一个人的成长，短则10余年，长则20余年。笔者已经记不清有多少老师教过自己，更记不住究竟上过多少课，但偏偏就有一门课让自己难以忘却，那就是李德先生②的日本历史"第一课"。在课堂上，李德先生问学生学日语是为了什么，笔者不知道其他同学是否认真思考过这一问题，但当时自己确实没有。笔者是工作若干年之后考上的研究生，当时恰逢考研热，而自己又特别喜欢教师这个职业，于是便随大流去考研究生。因此，当听到李德先生问学生为何学日语和研究日本的问题时，笔者还真不知道怎样回答。好在李德先生是自问自答，并没有难为学生。他说："师夷长技以自强③，我们学日语和研究日本，是为了学习日本并超越日本。"虽然

---

① 节选自 https://m.chinanews.com/wap/detail/chs/sp/10035120.shtml。
② 20世纪90年代中后期，笔者在北京外国语大学日本学研究中心读研究生。
③ "师夷长技以自强"由清代洋务运动中枢人物爱新觉罗·奕䜣提出。

李德先生教过笔者的学问不少，但唯一让笔者至今还难以忘怀的就是这一段话。由此，笔者深切地感受到，第一课对学生的影响深远。

那么，作为老师应该如何去讲第一课，在第一课中该给学生讲什么呢？

(1) 情感归属引导

身教往往比言传更重要。学生考入大学，刚接触陌生环境，第一印象影响巨大，而第一印象又往往通过视觉与听觉来获取。教师佩戴校徽上课有利于培养学生对自己新身份的认同，让学生产生共情，逐渐产生对所在大学的情感归属。而教师佩戴校徽也是对教师这一职业的热爱，宣示自己是一名光荣的人民教师，时刻提醒自己要履行好立德树人的神圣使命。因此，佩戴校徽是一种很好的身教。

(2) 为什么读书？

在日语专业的第一课中，教师要像李德先生那样为一门课立德，询问学生为何读书，为何学习日语或研究日本。也许同学们的回答不一，但不要紧，教师可以分享周恩来总理等杰出人物的回答予以引导。少年周恩来在东关模范学校上小学时，面对魏校长"为何读书"的提问，回答是"为中华之崛起而读书"。少年定下"为中华之崛起而读书"初心，到南开学校毕业时与同学们互赠"愿相会于中华腾飞世界时"的留言，到日本留学又回国参加五四运动，再到欧洲勤工俭学又回国投身革命……就一直为中华之崛起而奋斗。[1]

青年学子应该学习周恩来这种坚定的理想信念和执着的人生追求，树立为实现第二个百年奋斗目标、实现中华民族伟大复兴而读书的远大志向，当国家面临"国有疑难可找谁"时，可以大声地回答"我可以"。当前，世界面临着百年未有之大变局，国际风云变

---

[1] 石平洋：《周恩来的初心：为中华之崛起而读书》，中工网，2019年1月11日，https://www.workercn.cn/740/201901/11/190111134915837.shtml。

幻，西方国家对中华民族的崛起进行全面的围堵打压，"卡脖子"技术问题、外部安全威胁问题、社会民生问题、全球治理问题等诸多现实问题都亟待解决。青年是民族的希望，青年强则国强。青年人要勇于担起为中华民族伟大复兴而读书的责任与使命，不负青春，不负韶华。

四、针对日语专业的课程思政内容供给

根据2020年教育部印发的《高等学校课程思政建设指导纲要》，课程思政建设内容要紧紧围绕坚定学生理想信念，以爱党、爱国、爱社会主义、爱人民、爱集体为主线，围绕政治认同、家国情怀、文化素养、宪法法治意识、道德修养等重点优化课程思政内容供给，系统进行习近平新时代中国特色社会主义思想教育以及社会主义核心价值观教育、法治教育、劳动教育、心理健康教育、中华优秀传统文化教育。

简而言之，课程思政建设内容要坚持两个围绕：一是围绕坚定学生的理想信念；二是围绕政治认同、家国情怀、文化素养、宪法法治意识、道德修养等。

（一）加强理想信念教育，培育习近平新时代中国特色社会主义思想的信仰者

在课程思政的内容供给中，坚定学生的理想信念被放到最重要位置。习近平总书记深刻地阐述了信仰的重要性，指出："人民有信

仰，民族有希望，国家有力量。"① 因此，在对学生进行理想信念教育之前，教师必须先反躬自问："我有信仰吗？""我为什么必须有信仰？""我的信仰是什么？"对"信仰三问"的回答事关一个人的世界观、人生观和价值观。正所谓教学相长，教师寻找答案的过程也是自我政治思想成长的过程。

（二）弘扬爱国主义教育，厚植爱国情怀

有人说，当离开自己的国家，才知道自己有多爱国，以下分享两则案例。

案例一

20世纪80年代，笔者在北京第二外国语学院上大学，曾经有幸聆听旅游系主任的一场全校公开讲座，他说过的一句话让笔者至今不曾忘怀。他是这样说的："每次我从国外研修访学回来，都会从首都机场绕道天安门看一眼高高飘扬的五星红旗。"当时笔者很不理解，不知道系主任为什么要这样做。但等到若干年之后自己从日本留学回国，才终于体会到看见五星红旗是怎样的感觉，才体会到什么叫爱国。在国外，甚至容不得外国人说自己国家的不好。

案例二

2019年参演《我和我的祖国》的演员惠英红回忆起1997年香港回归的场景，她说她当时连拍戏都顾不上，赶着回家看香港回归直播。她说："看到国旗飘起来的时候，我流泪了。……终于我等到

---

① 习近平：《夺取全面建成小康社会 夺取新时代中国特色社会主义伟大胜利——在中国共产党第十九次全国代表大会上的报告》，《人民日报》2017年10月18日。

了回归，我终于知道我自己有国家了，然后也可以大声告诉所有人我是中国人。"

案例一让笔者永远铭记，案例二是网上流传的一段视频，特别感人，笔者反复看了好几遍，同时也希望能感动到自己的学生。

（三）坚守中国立场，使用中国话语表述

作为一个教授日语的教师，我们有义务提醒学生在阅读日语文献和翻译时谨防被日本人的观点带偏，以下分享三个案例①。

案例一

1957 年日本发布的第一个外交蓝皮书称，战后日本失去了 46% 的"国土"。这里"国土"要打上引号，因为其基本上是指日本的海外殖民地，是日本抢来的。

案例二

是说"中日关系"还是"日中关系"？是中国人说的，一定要用"中日关系"，不管是用中文还是外文说。绝不能跟着日本人走，说成是"日中关系"。

案例三

日本人说"冲绳返还"，中国人说"冲绳移交"。"返还"是日本人的造词，查 1971 年 6 月 17 日美日签订的《归还冲绳协定》，无论是日文还是英文的版本，都没有出现"返还"字样。

---

① 案例源自中国社会科学研究院日本研究所所长杨伯江在国际关系学院 2023 年度"国别和区域研究（日本方向）暨学科专业建设研讨会"上的发言。

(四) 发扬斗争精神，捍卫中国立场

作为一个外语教师，一定要提醒自己的学生，在对外交往中注意内外有别，遵循既保守秘密又有利于对外交往的原则。另外，遇到外国人不友好的言论，不能置若罔闻，要立即予以交涉，表明中方的立场。

1972 年 9 月 25 日，周恩来总理在北京机场迎接访华的日本首相田中角荣。田中首相在欢迎宴会上致辞时称："遗憾的是过去几十年之间，日中关系经历了不幸的过程，其间，我国给中国国民添了很大的麻烦。我对此表示深切的反省。"这句话让周恩来总理的脸色阴沉了下来。在第二天的会谈中，周恩来总理严肃地对田中首相表示："日方能够对过去的事情表示反省是很好的，但'添了很大的麻烦'这一表述，我们是不能够接受的。日方发起的战争造成中国三千万人民受害和牺牲，这种行为是不能用'麻烦'来盖过的！"田中首相也感到自己的表达方式有问题，解释说在日本"添麻烦"其实就有谢罪的意思。但是，周恩来总理提出对这一表述必须加以改正，田中首相随即表示认同[①]。

结 语

课堂是课程思政教学的主渠道，第一课是课堂教学的关键，教师一定要把握新生入学的契机上好第一课。教师通过对专业内容的

---

① 刘德有：《站在中日复交的起点展望中日关系的明天》，中国网新闻中心，2022 年 9 月 28 日，http://news.china.com.cn/2022-09/28/content_78442327.htm。

思政挖掘，解决好专业内容与思政内容相融的问题。具体根据挖掘获取的思政元素构建思政文本，将之融入演讲与导入、正课、归纳等教学环节之中，对学生实施政治认同引导和价值观塑造（如图1所示）。

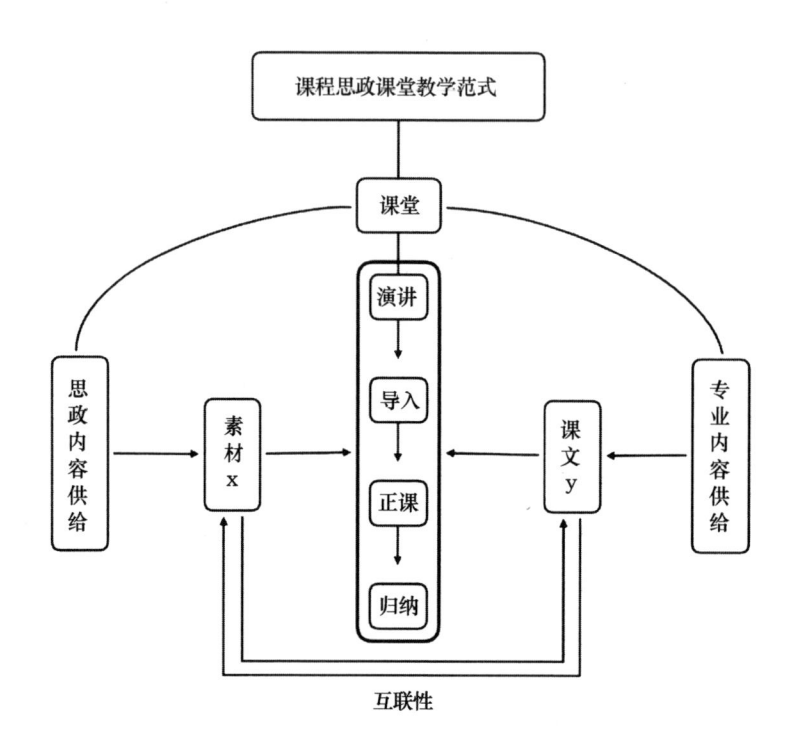

图 1　课程思政课堂教学范式

同时，学习外语必定会接触到外国的媒体和各类文献，如何使学生"出淤泥而不染"，避免学生被西方错误的意识形态侵蚀，面向日语专业的课程思政内容供给必须加强对马克思主义、共产主义的理想信念教育，加强爱国主义教育，提升学生的政治认同感，坚定学生的中国心和中国情。此外，教师还要通过案例分享，提醒学生在与外国人的交往中注意内外有别，捍卫中国立场，使用中国话语表述，并与不友好的言论作斗争。

参考文献

[1]《习近平在全国高校思想政治工作会议上强调：把思想政治工作贯穿教育教学全过程　开创我国高等教育事业发展新局面》，《人民日报》2016 年 12 月 9 日第 1 版。

[2] 中共中央　国务院印发《关于加强和改进新形势下高校思想政治工作的意见》，《人民日报》2017 年 2 月 28 日第 1 版。

[3]《习近平：坚持中国特色社会主义教育发展道路　培养德智体美劳全面发展的社会主义建设者和接班人》，2018 年 9 月 10 日，人民政协网，https：//www.rmzxb.com.cn/c/2018 - 09 - 10/2166075.shtml。

[4] 中共中央办公厅　国务院办公厅印发《关于深化新时代学校思想政治理论课改革创新的若干意见》，2019 年 8 月 14 日，中国政府网，https：//www.gov.cn/zhengce/2019 - 08/14/content_5421252.htm？eqid = f21964a6000d427f000000046462f90a。

[5] 教育部关于印发《〈高等学校课程思政建设指导纲要〉的通知》（教高〔2020〕3 号），2020 年 5 月 28 日，中国政府网，https：//www.gov.cn/zhengce/zhengceku/2020 - 06/06/content_5517606.htm。

[6]《党的二十大报告辅导读本》编写组编著：《党的二十大报告辅导读本》，人民出版社 2022 年版。

课程思政视域下的日语专业育人体系研究

张　彤[*]

[摘　要] 本文旨在通过日语专业课程思政建设，来探索育人实践，进而探讨日语专业育人路径，从而实现"三全"育人。主要采取实践研究法、比较研究法等，来探讨如何进行日语专业课程思政建设。首先教师在思想意识上要重视，其次要通过学习、培训等来提高教师的课程思政授课水平，深挖思政元素，从而达到如盐入水的方式实现思想政治教育有效融入专业课程教学以及第二课堂，以学生为中心的原则实现学生的全面发展。针对不同年级课程的特点，进行四层次课程思政建设，即"文化自觉、文化自信、文化互信、人类命运共同体"的培养思路。在课程的教学过程中，充分发挥专业课程与思想政治理论课程同向同行的协同效应，达到鲜明的育人效果。

[关键词] 课程思政　育人　日语专业

引　言

教育部在 2020 年 5 月颁布的《高等学校课程思政建设指导纲

---

[*] 张彤，大连科技学院教授，硕士，研究方向为日语教育、日语语言文学。

要》中，明确提出"全面推进课程思政建设是落实立德树人根本任务的战略举措，课程思政建设是全面提高人才培养质量的重要任务"，可见，课程思政建设，在当前时期高等教育人才培养中，占有重要地位。

日语专业课程思政建设相关研究，主要有以下这些文章，陈丹在《日语专业课程中思政元素的导入》一文中，以日语专业的一门课程《高级日语》为例，阐述了如何在课堂教学中导入思政元素。李楚瑜在《日语口译"课程思政"的改革与建设》一文中，阐述了口译课如何进行课程思政建设。于晓玲、金玉在《高校日语专业课程思政改革实施路径研究》一文中，阐述了日语专业课程思政改革的意义。金玉、于晓玲在《高校日语专业教学"课程思政"方式探究——以〈中级日语4〉的教学为例》一文中，以具体课程为例，探讨了课程思政的方式。罗雯在《高校日语专业课程思政元素导入——以茶文化在日语教学中的融合为例》一文中，阐述了茶文化作为思政元素融入日语专业教学的可能性及具体策略。段笑晔、郝雯在《"课程思政"视阈下外语类大学生文化自觉与自信提升的探索与实践——以日语教学为例》一文中，阐述了通过课程思政，提升外语类大学生文化自觉与自信的举措。刘彤、崔伟在《日语专业课程教学中思想政治元素的导入》一文中，阐述了日语专业教学中课程思政的重要性。廖晗在《高校外语实践课融入课程思政的路径探索与研究》一文中，阐述了外语实践课的课程思政融入路径。程铄在《"三全育人"背景下高校外语课程思政建设的实践探索》一文中，从全方位育人角度阐述了外语课程思政建设实践所获得的心得。总结上述研究可以发现，目前主要集中在以日语专业某门课程的思政教学探索以及外语专业课程思政的路径、方法、策略居多。系统地研究整个日语专业课程的课程思政教学，尚属空缺。

研究高校日语专业课程思政建设，能够提高日语专业人才培养的质量，特别是提高育人效果。其实，比起学问、知识，学生的道德修养对学生的人生影响更大。德才兼备，始终是我们追求的育人目标，也是我们社会任何时期都不变的理念。

一、当前日语专业育人体系存在的问题及解决路径

当前日语专业课程思政育人体系存在的主要问题如下：

日语专业一些课程理论性强，学生觉得枯燥乏味，缺乏学习的主动性和积极性；

学生缺乏理论联系实际的思维能力及结合专业知识应用的能力；

学生学习态度不够端正、行为习惯不够规范，缺乏踏实刻苦的"工匠精神"；

生源个体差异较大，生生之间缺乏合作学习的习惯。

基于上述问题，拟通过以下路径解决：

激发学生的学习主动性，引导学生深刻理解专业知识的重要性和必然性，培养学生自主学习的能力和终生学习的意识；

通过典型的实际应用实例，引导学生科学的分析问题，提升学生的逻辑思维能力和实践应用能力；

通过"言传身教"的方式，引导学生养成正确的学习态度和良好的学习习惯；

通过小组学习的方式，引导学生在学习过程中，注重学习过程，培养自我学习、合作学习的能力。

二、日语专业课程思政育人体系的实践内容

主要研究大学四年的日语专业课程中，如何进行课程思政。以第一课堂的课程思政教学研究为主，辅以第二课堂来进一步提升育人效果，从而全方位育人。另外，通过改革学业评价等方式，来促进课程思政教学。

研究的基本思路和方法：

日语专业课程思政建设的培养思路有四个层次，即"文化自觉、文化自信、文化互信、人类命运共同体"。

四个层次，层层推进，只有学生首先有文化自觉，才会有文化上的自信；只有学生有文化层面的自信，才能充分理解双方文化，进而为将来构建人类命运共同体打下扎实基础。

因此，本文将分别以四年级四个层次的研究分析为主线，同时在具体研究过程中，以第一课堂与第二课堂为研究对象进行分析。

四个层次思政建设的具体实施路径：

1. 把握各年级学生文化思政现状

首先分析各年级的文化思政现状，四个年级分别侧重不同的文化意识调查；

大学一年级重点考查学生的文化自觉程度；

大学二年级重点考查学生的文化自信程度；

大学三年级重点考查学生的文化互信意识；

大学四年级重点考查学生的人类命运共同体意识。

具体可以通过课堂问卷调查、互动研讨、课堂记录等方式实施。

2. 第一课堂与思政建设内容植入研究

在第一课堂与思政建设内容的植入性分析上，不同年级选取不

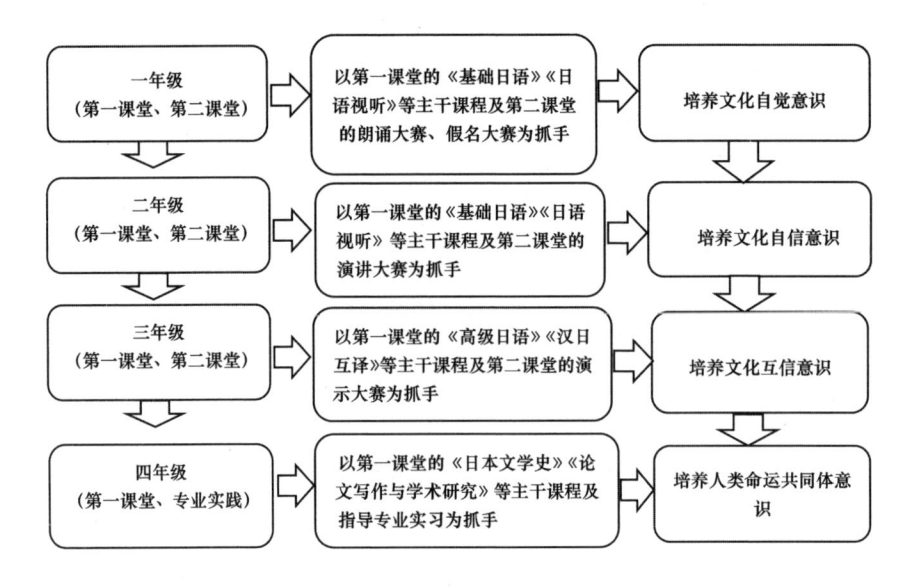

```
一年级                 以第一课堂的《基础日语》《日
(第一课堂、第二课堂)  →  语视听》等主干课程及第二课堂  →  培养文化自觉意识
                      的朗诵大赛、假名大赛为抓手

二年级                 以第一课堂的《基础日语》《日语
(第一课堂、第二课堂)  →  视听》等主干课程及第二课堂的  →  培养文化自信意识
                      演讲大赛为抓手

三年级                 以第一课堂的《高级日语》《汉日
(第一课堂、第二课堂)  →  互译》等主干课程及第二课堂的演  →  培养文化互信意识
                      示大赛为抓手

四年级                 以第一课堂的《日本文学史》《论
(第一课堂、专业实践)  →  文写作与学术研究》等主干课程及  →  培养人类命运共同体意
                      指导专业实习为抓手                        识
```

图 1　课程思政四层次推进图

同的主干课程进行分析，不同的课堂中由相关参与课题的主讲老师负责相关信息的收集与汇总，并定期展开研讨。

一年级以《基础日语》与《日语视听》课堂为主要研究对象；

二年级以《基础日语》与《日语视听》课堂为主要研究对象；

三年级以《高级日语》与《汉日互译》课堂为主要研究对象；

四年级以《日本文学史》与《论文写作与学术研究》为主要研究对象。

具体按照如下方式展开研讨：

（1）一年级学生文化自觉意识培养研究

以《基础日语》课堂为例，在学习开始之初，通过问卷调查、课堂互动等方式把握学生的文化自觉状况。在具体教学过程中，比如初级阶段假名、汉字、发音、日语敬语学习中植入中日汉字文化交流，以及中日敬语文化差异等不同层次的文化信息，激发学生的异文化意识。相关负责教师定期记录学生在学习效果与文化自觉层面的变化，并适时作出研讨。

(2) 二年级学生文化自信意识培养研究

在实际教学过程中，根据学生习得日语的实际水平调整课程思政的侧重方向。随着学习的深入，以及所学知识点的愈发丰富详细，中日语言表达之间的深度差异也会逐渐被学生感受到。此时在教学过程中可以加大汉日语言结构、汉日语言思维之间的对比，引导学生对比两国语言思维，拓展人类理解相近事物时的视角。在异文化的教学工作中，从各个层面探讨如何立足于学生包容之心构建文化自信。

(3) 三年级学生文化互信意识培养研究

三年级的日语学习是学生四年日语学习逐渐告一段落的重要阶段。学生一般会在第三年时参加国际日语能力 N2 考试，考试通过者基本上可以达到中高级日语水平。由于学生对中日语言之间的差异已经有了比较充分的理解，因此，可以重点探讨如何在课堂上引导学生去接受文化差异，尊重不同文化中的风俗习惯，提升学生的文化互信意识。

(4) 四年级学生人类命运共同体意识培养研究

四年级的学生基本上已经具备独立从事日语相关工作的能力。学生已经可以在一定程度上为社会创造一些价值。学生可以做翻译，可以参与国际交流等。因此，四年级的课程建设可以重点探讨如何引导学生追寻自己对于人生、世界的认识，并试图激发学生利用外语优势为中日之间的交流做贡献的意识，并且传授其正确方式从事翻译。比如，翻译人才相关的特定素质与素养等，其中像翻译过程中译者所追求的对等翻译意识的培养，可以与社会主义核心价值观中所倡导的平等公正进行一定衔接。

3. 第二课堂与思政建设内容植入探索

在第二课堂与思政建设内容的植入性分析上，不同年级选取不同的第二课堂进行分析，不同的课堂中由相关参与课题的负责老师整理相关信息，并定期展开研讨。

一年级以朗诵大赛与假名比赛的开展为主要研究对象；

二年级以演讲大赛的开展为主要研究对象；

三年级以课堂演示大赛的开展为主要研究对象；

四年级以专业实习为主要研究对象。

以低年级的第二课堂为例，可以在假名大赛、朗诵大赛中尝试植入适量的文化信息。如假名比赛相关的中日书法文化等。著名的书法家王羲之不只在中国家喻户晓，在日本也广为流传。

近些年，面向日语专业的校内演讲比赛，以及国家、省市级演讲比赛数量众多，其中涉及的题材大多是有关中日友好、中日交流等。学生在演讲比赛的准备过程中自然会思考中日表层文化背后的更加深刻的异同。教师在教学指导的过程中，可以有意识引导学生正确看待中日之间的文化交流、经济交流，乃至政治交流中的问题。在这些内容的植入过程中记录学生相关反应等。

4. 关注特定国际社会形势下特定思政文化内容的可植入性

根据特定的社会形势，植入适当的思政文化。如疫情期间，新冠病毒已经成为全球难题，各国之间相互援助。如中日之间在援助上展现的汉字文化圈的底蕴。这类信息不同于一般的信息，它们具有更高的指导性，因此可以要求所有教师都在课堂中植入这类信息。课题负责教师将这类信息进行汇总，区别于其他的思政内容。

5. 基于学生反馈视角下的特定思政要素的可植入性

除了教师主动植入相关内容之外，通过学生的反馈，以及学生的兴趣点来探讨课堂内容中可植入的高效率的思政文化内容。教师定期设定问卷调查等开放的交流方式，以学生反馈内容为研究对象，对学生视角下特定思政要素的可植入性以及植入方式等展开研讨。

6. 基于平行班级之间的对比

由于很多高校日语专业每年级有两个以上班级，根据任课教师教授信息的不同，在教授同样的知识点时必然也会涉及不同的课程思政方式，因此，相关课题负责人可以对相关信息进行搜集整理，探讨相关课程思政内容的可植入性，并进行相应的评估与评价。

结　语

上述四个层次文化信息的课堂思政，相关成果可以在每年新学年的学生中展开推广。此外也可以在慕课、示范课、网络课堂等各种课堂中进行推广与应用。对初期的研究成果进行合理评价，对其中的有效内容构建成模块化的教学内容，区分出静态模块化的教学内容与动态模块化的教学内容等。

由于外语专业的特殊性，学生很容易受到外国文化的影响。在教学过程中，如何引导他们，让他们具有家国情怀，树立文化自信，是课程思政建设的一个重点。

以如盐入水的方式实现思想政治教育有效融入专业课程教学以及第二课堂，以学生为中心实现学生的全面发展。在课程的教学过程中，充分发挥专业课程与思想政治理论课程同向同行的协同效应，达到鲜明的育人效果。

本文只是宏观地叙述了日语专业课程建设情况，由于具体课程情况不同，如何融入课程思政，还有待于进一步深挖。

参考文献

[1] 陈丹：《日语专业课程中思政元素的导入》，《文学教育（下半月）》2019 年

第 11 期。

［2］李楚瑜：《日语口译"课程思政"的改革与建设》，《山东青年》2019 年第 10 期。

［3］于晓玲、金玉：《高校日语专业课程思政改革实施路径研究》，《山西青年》2020 年第 14 期。

［4］金玉、于晓玲：《高校日语专业教学"课程思政"方式探究——以〈中级日语日语 4〉的教学为例》，《人文天下》2020 年第 7 期。

［5］罗雯：《高校日语专业课程思政元素导入——以茶文化在日语教学中的融合为例》，《福建茶叶》2019 年第 7 期。

［6］段笑晔、郝雯：《"课程思政"视阈下外语类大学生文化自觉与自信提升的探索与实践——以日语教学为例》，《科教文汇》2019 年第 5 期。

［7］刘彤、崔伟：《日语专业课程教学中思想政治元素的导入》，《产业与科技论坛》2020 年第 19 期。

［8］廖晗：《高校外语实践课融入课程思政的路径探索与研究》，《才智》2023 年第 2 期。

［9］程铄：《"三全育人"背景下高校外语课程思政建设的实践探索》，《江苏外语教学研究》2022 年第 4 期。

新文科背景下日语课程思政建设的探索与实践
——以《日本语言文化》为例

施 晖 黄 睿[*]

[摘 要] 大学生的综合能力培养是日语课程思政建设的核心内容，立德树人的重要性日趋凸显。本文以苏州大学《日本语言文化》课为例，立足于知识培养、素养培养、能力培养这三个教学目标，探究新文科背景下日语课程思政的建设途径。该课程创建"二线三步四维"的教学模式，通过"线上—线下"教学的协同，优化课程设置，从课前、课中、课后三个层面出发，全方位、多层次地培养日语专业学生的综合能力，以达到立德树人的教学目标。

[关键词] 课程思政 新文科 日本语言文化 教学设计

为落实高校课程思政主体责任，科学规划与设计课程思政教学体系，推进学校、专业、课程三级课程思政教学改革与建设，使高校立德树人成效进一步提高，学校相关部门始终将精力投入到课程思政建设中来。大学生作为课程思政的主要受众者，同时也是社会未来的栋梁，对青年学生的培养尤其重要。青年兴则国家兴，青年强则国家强，青年人有理想有担当，国家就有前途，民族就有希望。

---

* 施晖，苏州大学外国语学院教授、博士生导师、博士，研究方向为日语语言、汉日对比；黄睿，苏州大学外国语学院博士研究生。

利用课程思政的教与学，努力把大学生培养成能独当一面的社会主义接班人。

自课程思政理念提出以来，各类学科积极与思政课程进行融合。其中，外语类课程"作为高校的通识教育课程，是'课程思政'的一个重要阵地"。①日语是外语教学中重要的一环，对日语专业大学生综合能力的培养，特别是实现立德树人的目标是日语课程思政建设的重点。同时，新文科建设理念的提出为传统文科专业注入新活力，新时代下外语人才需要"传承中华优秀文化根脉，创新文化发展，树牢文化自信，促进多元文化交流交融"②，这是文科专业顺应时代的新使命。作为外语专业的学生，不仅需要掌握一门外语，还需要熟悉本国文化及外国文化，必须对不同文化有所了解，能够使用外语进行得体的交际，方可着眼中国，放眼世界，在新的时代背景下讲好中国故事，传播好中国声音。

在课程思政相关工作的建设中，教师作为立德树人的主力军，肩负着育才培优的重任，应以课程建设作为"主战场"，将思想政治建设融入并贯穿人才培育的整个过程。本文结合新文科建设理念下对日语专业人才的培养目标，以苏州大学《日本语言文化》课为例，探讨日语课程思政的建设途径。

一、日语课程思政建设的现状及挑战

当今社会处于百年未有之大变局，全球气候变暖、恐怖主义袭击等让全世界人民愈加深刻地认识到建立人类命运共同体的重要性

---

① 陈雪贞：《最优化理论视角下大学英语课程思政的教学实现》，《中国大学教学》2019 年第 10 期，第 45 页。
② 樊丽明：《"新文科"：时代需求与建设重点》，《中国大学教学》2020 年第 5 期，第 5 页。

与必要性。随着全球经济贸易合作的深化与科学技术的发展，中国与世界各国的交流愈加频繁，亟需大量外语人才参与到国际事务的处理当中。中日两国作为一衣带水的邻邦，拥有较为相似的历史文化底蕴，同时作为世界第二与第三大经济体，对国际秩序有较强影响，故中日两国的友好交往显得尤为重要。双方的交流、合作不能仅仅停留于表面，而应求同存异。对日语专业学生的培养亦不能仅局限于语言能力的提升，更要立德树人，培育出具有崇高道德感、坚实人文素养、深厚文化品性的新时代外语人才。

目前，全国各大高校、广大外语教育工作者都在积极开展外语教育课程思政建设的实践探索，积累了不少宝贵的实践经验。日语课程思政建设同样取得了一定成效，形成了相对完善的课程思政方案，但同时也存在以下亟待解决的问题。

（一）思政元素的融入问题

如何把思政元素润物细无声地融入日语专业课程教学是一大难点。日语课程思政不同于普通的思政课程，而是以一种静水深流的形式润物细无声地传播思政理念。中日两国具有相似的历史文化底蕴，日语课程思政的建设应基于中日文化相互借鉴的历史，通过中日语言文化的比较使学生树立正确的世界观、人生观和价值观，引导学生了解世情、国情、党情、民情，增强对中国优秀文化的思想认同和情感认同，坚定中国特色社会主义道路自信、理论自信、制度自信和文化自信。这就需要任课教师思考如何润物细无声地融入思政元素，并在课前设计出完善的、行之有效的总目标和子目标。《日本语言文化》课在新文科、新时代背景下，依托苏州大学的优质资源与跨学科研究平台，改变传统的单一教学模式，与多门专业和学科交叉融合，将各个研究领域的理论基础和研究方法相互融通，以"立德树人"（育人目标）以及提升日语专业学生的综合能力为总目标，将思政元素高效融入到该课程的教学之中。

（二）教师认知的深化问题

随着课程思政与各类学科的交叉与融合，日语专业任课教师已对课程思政形成了基础性认知，但仍有必要继续思考和深化如何识别"有用项"挖掘思政元素，如何选择"最优项"等，这是广大教师面临的首要问题。习近平总书记指出："办好思想政治理论课关键在教师，关键在发挥教师的积极性、主动性、创造性。"①

教师需要妥善处理理论知识的传授与现实问题分析之间的关系，包括将理论知识的系统性与现实问题分析的针对性紧密结合起来，运用理论深入分析现实问题，并通过对实际问题的深入研究和解决，不断丰富与提炼理论体系，塑造出独特的教学风格。与此同时，还需要重新审视教育理念，并注重培养学生自主学习的能力和跨文化交际能力。教育的根本目标在于立德树人，通过多元化的教学方法培养和提升学生的主动性、自主性以及创造性。该方法能够有效地激发学生的学习积极性，推动学生投身思考，培养其思辨精神，从而提高教学的实效性。

（三）交流机制的完善问题

由北京外国语大学文秋芳教授提出的具有中国特色的教学理念——产出导向法（POA）与师生合作评价模式（TSCA）在课程思政工作的开展中具有前沿性的指导地位。遗憾的是，该理论在日语

---

① 习近平：《思政课是落实立德树人根本任务的关键课程》，《求是》2020年第17期。

界尚未得到普及，目前仅在北京外国语大学、南京大学等高校发展得较为成熟。

各大高校需建立完善的交流学习机制，如派遣任课教师赴课程思政成效显著的学校进行学习与交流，让广大教师在明白新时代人才培养中思政重要性的基础上，学习扎实的课程思政教育知识，做到稳扎稳打、立德树人。同时，还需加强思政课教师与其他课程教师的交流，将思政元素更好地融入课程教育中来，充分发挥课程思政示范课程引领的辐射作用，深入挖掘专业课程所蕴含的思政元素及其所承载的思政教育功能。

（四）混合式教学的开展问题

随着互联网的发展，"网络所具有的及时、互动、弱国界等传播特性大大提升了信息交流的速度和范围，全程媒体、全息媒体、全员媒体、全效媒体的出现，使得传统的人际传播模式、组织传播模式、大众传播模式、教育模式发生了根本性变化"[①]。后疫情时代，高等学校的教学方式普遍由传统的线下教学转变为线上、线下有机融合的混合式教学。开启"线上、线下相结合"的混合式教学，能够打破学校教育的"最后一公里"，灵活、高效地开展新时代人才的培育工作。但同时，线上与线下教学的课时比例、线上教学的高效开展等均成为亟待思考与解决的问题。

---

① 王更喜：《网络公共外交》，五洲传播出版社2020年版，第2页。

二、日语课程思政的教学目标

以习近平新时代中国特色社会主义思想为指导，全面贯彻党的教育方针，坚持和加强党的全面领导，坚持社会主义办学方向，落实立德树人根本任务，深入推进课程思政建设。课程思政采用构建全员、全程、全课程育人的形式，将学校所承担的各类课程与思想政治理论同步推进、协同发展，以立德树人为根本、素质教育为核心、弘扬社会主义核心价值观、注重文化传承与创新。

结合苏州大学的办学定位、专业特色和人才培养要求，《日本语言文化》课在总体设计上坚持：（1）守正创新；（2）价值引领；（3）外特精通（外语特色，一流日语）。尝试使用北京外国语大学文秋芳教授带领的中国外语与教育研究团队创建的具有中国特色的教学理念的产出导向法，课堂教师主导、学生主体。除课堂讲授外，利用合作发表、小组讨论等教学方法，调动学生学习的积极性与主动性，提升教学效果。日语课程思政的教学目标主要有以下三点：

第一，知识培养。引导学生系统、深入理解并掌握日语语言文化知识，并与其他文史哲专业与学科交叉融合，形成跨学科的知识结构体系。为高效地传授知识，教师在进行课程教学设计时，"以学生为主体是设计学习活动的重要原则之一"[①]，课程内容的设计应"充分考虑不同的学生主体，体现内容的层次性与多元性。多层次和多渠道的学习资源不仅可以用来传授语言知识，还能够传授文化"[②]，

---

① 顾卫星：《大学英语"驱动—促成—评价"教学流程中的教师中介研究》，《外语测试与教学》2018 年第 2 期，第 38 页。
② 祝珣：《基于学习者需求分析的大学英语课程设置》，《北京师范大学学报（社会科学版）》2015 年第 1 期，第 102 页。

注重专业内容与思政内容的有机融合、课程思政的课内与课外的联动、教师主导作用与学生主体地位的并重，培养学生讲好中国故事的责任与情怀。

第二，素养培养。引导学生形成正确的世界观、人生观和价值观，良好的道德品质和社会责任感，中国情怀和国际视野。培养学生的目标在于传承中华文化，使他们拥有深沉的中国心、富有中国情，以及充盈着中国文化特色的品格和个性，使之勇于承担大国外交的历史使命，并最终拥有强大的文化自信和开阔的世界眼光，用日语讲述中国传统文化和中国故事，以得体而有效的方式进行跨文化交际，并协助拥有不同文化背景的人士进行跨文化沟通与交流。疫情期间苏大外语人在教学团队教师的支持和鼓励下，打响了一场苏大外语人用青春力量助力疫情防控阻击战的英勇事迹，反响强烈。苏州市姑苏区政府发来感谢信，《扬子晚报》《江苏国际频道》分别对苏州大学为抗疫翻译、提供疫情防控"远程诊疗"等进行了报道。这是苏大人参与人类命运共同体建设的典型事例，更是一次难忘的课程思政。

第三，能力培养。培养学生的日语运用能力、跨文化交际能力、思辨能力、研究能力、创新能力和实践能力等多元化能力，精心打造日语大课堂，建立多模块的课程模式体系（语言、文化、文学、翻译等）。苏州大学外国语学院日本学研究中心还定期举办学术沙龙、国际会议、活动竞赛等多种活动，帮助学生进行全方位的知识内化，提升跨学科、多知识能力。邀请其他专业的教授加入团队，提升课程思政内容的广度与深度，如苏州大学社会学院王卫平教授主持的"吴文化史专题"被评为国家精品视频公开课，对于弘扬中华优秀传统文化，增强文化自信和民族自信大有裨益。积极发挥网络教学的优势，学习国家级资源共享课、参加线上讲座并在即时通讯软件内交流与答疑，巩固和拓展知识，培养学生的自主学习能力以及分析问题和解决问题的综合能力。

三、《日本语言文化》课程思政教学设计

苏州大学日语专业开设于1982年，是江苏省最早设立的日语专业之一。师资队伍教学经验丰富，为国家和社会培养出数量可观的外语人才。《日本语言文化》课是日语专业学生的基础课程，授课总学时为36课时，时限长、内容活、课业精，在日语专业学生的人才培养中占据重要地位。将思政元素融入该课程之中，可以起到良好的引领作用，帮助学生树立正确的世界观、人生观、价值观。《日本语言文化》课着眼于跨文化交际能力的培养，在新文科建设和课程思政的背景下，立足于立德树人，引导学生了解并传承中国优秀文化，在拥有文化自信心的基础上进行跨文化交际，做讲好中国故事的传播者和实践者。

课前，任课教师综合考虑了整体目标，并制定总目标和子目标，将课程和教学方案相对应，结合课程特点有机融入课程思政元素，处理好理论传授与现实问题分析的关系。通过"互联网+"环境下的立体多维日语学习，帮助学生创造学以致用的学习和实践环境，多形式的教学团队建设为"强化学术交流、助力学科融合、增强文化自信、传播中国声音"提供了强有力的资源保障。课程创建"二线三步四维"的教学模式，二线指线上、线下；三步指课前、课中、课后三个步骤；四维指教学资源支持、教学活动支持、管理支持、评价支持。

(一)"二线":"线上—线下"协同教学

后疫情时代,混合式教学成为一种常见的教学模式。混合式教学的研究者不断涌现,如黄亚婷[①]、赵丽萍[②]等。混合式教学模式是线上教学和线下教学的有机融合。其模式具有多样性,但一般认为是特威格[③]所提出的"替代模式"(The Replacement Model)和"补充模式"(The Supplemental Model)这两种。所谓"替代模式",是指减少线下授课时间,使用线上方式代替原先的线下授课方式;"补充模式"则是指原先的线下授课时间不变,在课后利用网络开展线上教学,对线下教学起到补充作用。

《日本语言文化》课使用的教学模式偏向于混合式教学模式下的"补充模式",即在课后使用线上教学等形式补充线下教学。但又区别于一般意义上的"补充模式",是一种线上、线下的有机融合,在线下教学阶段利用网络的优越性提升教学效果,又将线下实践活动融入课前、课后的线上教学阶段。

在"线上—线下"混合式教学模式下,为更好地发挥二者的协同作用,任课教师充分利用学校的交流机制,向该方面较为突出的学校、团队等学习相关知识。该课程以习近平新时代中国特色社会主义思想为指导,立足于苏州大学的办学定位与办学特色,鼓励开展云上学习、多维课堂、课外调研等活动,使教学模式丰富化,不再局限于传统课堂。

---

① 黄亚婷、王雅:《疫情背景下混合教学中本科生学习投入的影响机制研究——基于探究社区理论的视角》,《中国高教研究》2022年第3期,第52—59页。
② 赵丽萍、姜涛:《后疫情时代高校渐进式混合教学改革构建》,《包装工程》第42卷S1期,第246—251页。
③ Twigg C A, "Improving learning and Reducing Costs: New Models for Online learning," EDUCAUSE Review, Vol. 38, No. 5, 2003, pp. 28 – 38.

（二）"三步"：优化课前、课中、课后课程设置

课前设计教学目标，让学生思考问题，实现知识驱动。首先要帮助学生树立更为客观的跨文化态度，不抵触异域文化。在足够了解他国文化的基础上，我们才能对他人和自身有更好的了解。"态度和知识是技能形成的基础，只要我们在教学中创造适当的环境，设计有针对性的活动，就能帮助学习者将态度和知识应用到跨文化交际的实践中去。"[1] 首先，教师在课程开始之前布置学习任务和思考题，发布教学小视频，让学生通过网络进行课前预习，积累相关基础知识，并形成各自的思考，然后于线下课程进行讨论与交流。

课中以《日语语言文化》教材为抓手，借助"互联网+"、报纸杂志、讲座报告等多样化的平台和手段，构建开放、互动的多模态教学资源，培养学生的自主性学习能力以及跨学科的研究方法，实现知识内化。依托"一个亚洲"项目，邀请校内外专家融合文史哲等研究领域，通过通识教育、第二课堂等多种形式，培养具有家国情怀和沟通能力强、人文素质高、国际视野宽的复合型日语人才，引导学生在对比中日文化的过程中深刻理解社会主义核心价值观，自觉弘扬中华优秀传统文化和社会主义先进文化，勇于承担大国外交的历史使命，最终形成全方位、多领域的立德树人新局面。

对于日语专业的学生而言，既要了解日本文化，同时更应熟悉中国文化。"跨文化交际的文化制约并不是来自对目的语文化的不了解，而是来自对目的语文化和母语文化之间差异的不了解。"[2] 对于文化脱敏成为常识的中国文化与不甚了解的日本文化，如何有机对

---

[1] 张红玲：《跨文化外语教学》，上海外语教育出版社2007年版，第73页。
[2] 杨学云：《基于大学英语课程教学的文化导入研究》，《外国语文》2010年第4期，第128页。

照、互学互鉴，这是《日本语言文化》教学内容的重点与难点。教师在线下授课阶段可使学生进行深度学习，通过展示具体案例，分析、讨论中日两国跨文化交际中的共性、个性及其文化摩擦，同时思考解决策略。利用线上资源，播放跨文化交际实景短片，并让学生自我编排、设计跨文化相关的情景剧，在课堂上进行汇报，教师与其他学生进行点评，充分调动学生的主观能动性与参与度。

课后拓展学习资源，设计有挑战性的思考题，并鼓励学生积极参加各类社会实践，如生态文明意识调查、校园文化调查、志愿者服务等，实现知识巩固。《日本语言文化》课尝试进行了如下改革与创新：注重培养学生的国际视野、家国情怀以及社会主义核心价值观，如带领学生参加国际学术会议、师生共同探讨国际热点话题等；举办跨文化交际相关讲座，邀请学界专家为学生介绍、讲解中日两国的风土人情；让学生进行翻译训练，通过翻译核心概念、文化负载词、时政文献等，引导学生更好地体会中日两国在文化上的差异；举办日语演讲比赛，使用外语讲好中国故事，传播好中国声音；利用网络举办中日大学生辩论赛，围绕中日两国某一政治热点话题进行讨论，提升对外主张力，同时传播中国优秀传统文化。总之，通过多元化方式形成文化碰撞，引发头脑风暴，强化日语思政课程的价值引领。

结　语

日语课程思政建设的重要性日趋凸显，其中思政元素的融入、教师认知的深化、交流机制的完善、混合式教学的开展等问题值得进一步探讨。本文以苏州大学《日本语言文化》课为例，基于新文科建设理念对日语专业人才的培养目标，巧妙地将课程思政元素融入教学内容，探讨日语课程思政的建设途径。该课程改变传统的单一教学方式，与多门专业和学科交叉融合，创建"二线三步四维"的教学模式，努力将学生培养成胸怀赤忱中国心的接班人，做新时代背景下讲好中国故事的传播者。

参考文献

［1］陈雪贞：《最优化理论视角下大学英语课程思政的教学实现》，《中国大学教学》2019年第10期。

［2］樊丽明：《"新文科"：时代需求与建设重点》，《中国大学教学》2020年第5期。

［3］习近平：《思政课是落实立德树人根本任务的关键课程》，《求是》2020年第17期。

［4］王更喜：《网络公共外交》，五洲传播出版社2020年版。

［5］顾卫星：《大学英语"驱动—促成—评价"教学流程中的教师中介研究》，《外语测试与教学》2018年第2期。

［6］祝珣：《基于学习者需求分析的大学英语课程设置》，《北京师范大学学报（社会科学版）》2015年第1期。

［7］黄亚婷、王雅：《疫情背景下混合教学中本科生学习投入的影响机制研究——基于探究社区理论的视角》，《中国高教研究》2022年第3期。

［8］赵丽萍、姜涛：《后疫情时代高校渐进式混合教学改革构建》，《包装工程》第42卷S1期。

［9］Twigg C A. "Improving learning and Reducing Costs: New Models for Online learning," EDUCAUSE Review, Vol. 38, No. 5, 2003.

［10］张红玲：《跨文化外语教学》，上海外语教育出版社2007年版。

［11］杨学云：《基于大学英语课程教学的文化导入研究》，《外国语文》2010年第4期。

新文科背景下课程思政"三维度两评价一平台"建设体系研究*
——以国际关系学院日语系课程建设为例

孙 敏 徐 青**

[摘 要] 课程思政是当下大学课程建设的重要目标,如何进行课程思政建设?其内部体系如何?成为当下课程思政建设面临的重要课题。在习近平总书记关于哲学社会科学研究的指导思想指引下,在新文科建设的大背景下,《学术写作与研究方法》课程在实践中提出课程思政"三维度两评价一平台"的建设体系。"三维度"是指课程体系构建时遵循的三个重要设计原则,即高度上有情怀、广度上跨学科、深度上追前沿;"两评价"是指提高课程质量的两项重要评价方式,即学习的过程性评价和终结性评价;"一平台"是指依托新兴信息技术,即云化的在线阅读平台,实现课程教学的数字化转型。

[关键词] 课程思政 新文科 建设体系 三维度两评价一平台

---

* 本文为2022年北京高等教育"本科教学改革创新项目"重点项目"一流本科建设视域下日语专业内涵式发展改革与实践"(京教函〔2022〕395号)、2022年国际关系学院本科教育教学改革创新项目"新文科背景下专业课程的课程思政建设体系研究"的阶段性成果。

** 孙敏,国际关系学院外语学院日语系副教授,博士,研究方向为课程思政、教育信息技术;徐青,国际关系学院外语学院博士,研究方向为课程思政。

引　言

　　课程思政、新文科建设、信息技术与教学深度融合是当下课程改革的三大课题。因此，在进行专业课程的课程思政体系建设时，必须同时兼顾新文科、信息技术深度融合。

　　课程思政是当下大学课程建设的重要目标，但目前思政融入专业课程的做法还比较浅，在外语类课程中常常表现为：（1）外语基础学习课程中，根据课文内容谈感想，并将话题引至家国情怀、道德素养等；（2）专业课程中，根据课程案例谈感想，并将话题引至家国情怀、道德素养等；（3）翻译类课程中，将中央文件作为翻译案例。这些做法多为在课程中设置思政案例，课程思政还处于比较初级的阶段。

　　同时，新文科建设也是当下专业课程建设的重要目标。当下学科交融，没有跨学科的大视野，就无法推进研究的纵深发展。跨学科成为当下课程建设的重要内容。而且，更重要的是，新文科建设的目标也与建构中国学术话语权密切相关，跨学科的视野理应成为课程思政的一部分。不过，目前日语语言文学专业的新文科建设也有一定的弱势，主要表现为，日语语言文学专业的教师多出身于语言文学专业，研究常常局限于语言学和文学方向，虽然部分教师研究日本政治、日本历史等，但由于学科理论方法基础薄弱，研究缺乏深度。因此，在课程中纳入跨学科的理论、方法、内容，成为推进日语类课程新文科建设的当务之急。

　　另外，2018年4月13日，教育部在《教育信息化2.0行动计划》的通知中指出，当下信息技术对教育的促进作用与新时代的要求仍存在较大差距，信息技术与学科教学深度融合还不够，因此，要坚持融合创新，推进信息技术与教育教学的深度融合，要促进教育信息化从融合应用向创新发展的高阶演进。[①]

那么，应该如何进行课程思政建设？其内部体系如何？本文将课程思政提高到建构中国学术话语权的高度，以日语系《学术写作与研究方法》课程为例，从课程设计理念、课程体系建构、课程评价体系、依托信息平台等方面，推进专业课程的课程思政体系建设。

一、课程思政建设的指导思想

首先，《习近平谈治国理政》第三卷中关于哲学社会科学研究的思想为专业课程的课程思政建设提供了思想指导。

（一）指导思想——习近平总书记关于哲学社会科学研究的思想

在《习近平谈治国理政》中，习近平总书记对哲学社会科学研究提出如下指导思想：

第一，"文学艺术创造、哲学社会科学研究首先要搞清楚为谁创作、为谁立言的问题，这是一个根本问题"[②]，要"建设具有中国特色、中国风格、中国气派的哲学社会科学"[③]，要"提出具有自主性、独创性的理论观点，构建中国特色学科体系、学术体系、话语体系"[④]。因此，专业课程在高度上致力于讲好中国学术故事，塑造中国学术话语，要有家国情怀。

[①] 教育部关于印发《教育信息化 2.0 行动计划》通知，2018 年 4 月 13 日，教育部网站，http://www.moe.gov.cn/srcsite/A16/s3342/201804/t20180425_334188.html。
[②] 《习近平谈治国理政》第三卷，外文出版社 2020 年版，第 323—324 页。
[③] 《习近平谈治国理政》第三卷，外文出版社 2020 年版，第 312 页。
[④] 《习近平谈治国理政》第三卷，外文出版社 2020 年版，第 325 页。

第二,"学科之间、科学和技术之间、技术之间、自然科学和人文社会科学之间日益呈现交叉融合趋势"①,课程建设"视野要广,有知识视野、国际视野、历史视野"②。因此,专业课程在广度上致力于跨学科的学术视野。

第三,新时代中国青年要"与时代同步伐"③,"要担当时代责任"④,"要勇做走在时代前列的奋进者、开拓者"⑤,"使自己的思维视野、思想观念、认识水平跟上越来越快的时代发展"⑥。因此,专业课程在深度上致力于追踪学术前沿,鼓励学术创新。

(二)学情分析

2018 年教育部正式颁布的《外国语言文学类教学质量国家标准》中指出,外语类专业"学科基础包括外国语言、外国文学、翻译学、国别与区域研究,比较文学与跨文化研究,具有跨学科特点。外语类专业可与其他相关专业结合,形成复合型专业,以适应社会发展的需要"。同时提出,日语专业核心课程中应纳入《学术写作与研究方法》课程。在这一背景下,国际关系学院日语系设立《学术写作与研究方法》课程,致力于将学生培养为跨学科的"语言+专业"的"日本通"。

国际关系学院生源较好,学生综合素质较高,但日语系学生从大一开始零基础全面进入日语语言学习,学术研究基础薄弱。因此,通过本课程建立学术写作的科学体系,使学生掌握学术规范,成为

---

① 《习近平谈治国理政》第三卷,外文出版社 2020 年版,第 245 页。
② 《习近平谈治国理政》第三卷,外文出版社 2020 年版,第 330 页。
③ 《习近平谈治国理政》第三卷,外文出版社 2020 年版,第 334 页。
④ 《习近平谈治国理政》第三卷,外文出版社 2020 年版,第 335 页。
⑤ 《习近平谈治国理政》第三卷,外文出版社 2020 年版,第 336 页。
⑥ 《习近平谈治国理政》第三卷,外文出版社 2020 年版,第 336 页。

当务之急。

二、基于"三维度"的课程体系重构

课程按照"高度、广度、深度"的"三维度"设计原则重新构建课程体系。

(一)"三维度"设计原则

"三维度"具体体现在,在课程高度上要有家国情怀,致力于建设中国学术话语权;在广度上跨学科,致力于建设新文科视野下的新课程;在深度上要追踪学科前沿,做真学问,推动学术向前发展。

首先,课程建设在高度上要有家国情怀。费孝通先生说,中国学术必须建构自己的学术话语权。由于历史原因,中国学术长期走在西方学术的后面,但当下,中国逐渐具备了争取学术话语权的能力。本课程通过大量案例,介绍当代中国学人的学术努力,对西方理论的改造、对中国理论的创新,力争讲好中国学术故事。同时,学术道德是本课程的天然组成部分,塑造中国学术新人是本课程的重要使命。课程强调弘扬劳模精神、工匠精神,在学术训练中让学生牢记,如果只想着走捷径、搞速成,是成不了大师的。本原则也是课程思政对课程体系构建指导作用的重要体现。

其次,课程建设在广度上要跨学科。本课程站位区域国别研究,因此在传统的日语语言学、日本文学和中日翻译的基础上,引入历史学、宗教学、社会学、人类学、民俗学等相关领域的方法和理论,进行跨学科的问题研究。同时还将自然科学领域的方法(如统计法、实验法等)引入人文研究领域,进一步扩展学生视野,培养学生跨学科的问题研究能力。

最后，课程建设在深度上要追前沿。在新文科的背景下，各人文学科在研究领域、研究对象、理论方法等方面都出现了交叉，热点课题往往会成为各学科共同的热点，多视角研究是大势所趋。但在现有教学中往往对学科前沿介绍不多，使学生局限于传统课题，不能直接进入前沿创新研究。本课程注重引导学生追踪学术前沿，关注前沿理论方法和前沿研究领域，从而为国别研究贡献力量。例如，本课程引导学生学习图像学、口述史、四重证据法等热点研究方法。

（二）课程体系的重构

基于上述"三维度"设计原则，本课程从研究方向、研究方法、写作规范、教学方式等方面进行了系统性重构。

第一，研究方向方面，在该系四大传统研究方向（语言、文学、文化、翻译）的基础上，引入了区域与国别研究方向。

第二，研究方法方面，在传统的文献法、观察法、访谈法、问卷法之外，引入了前沿研究方法部分，如图像学、口述史、四重证据法等。

第三，写作规范方面，引入了细粒度的写作评价指标体系，包括9项一级评价指标和31项二级评价指标。

第四，教学方式方面，增加情境模拟。如由学生分别担任报告人和评委，模拟开题报告。

以上课程体系的重构，站位讲好中国学术故事，立志培养具有家国情怀的学术青年。

三、面向"两评价"的课程质量评估

在课程评价方面遵从"两评价",即学习的过程性评价与终结性评价。

(一)学习的过程性评价

本课程采用案例教学法,既有学术大家的经典论文,也有本科学生的习作报告,需要学生对这些材料进行充分的阅读和思考。因此,记录学生阅读过程中的思考内容,并进行过程性评价,是本课程重要的基础性工作。

本课程运用在线阅读平台——英阅(E Reader),实现学生阅读的过程化管理。学生在英阅平台中提交预习作业,课堂根据预习作业的内容展开讨论。这样,学生平时的思考内容记录在平台中,教师可据此对学生进行过程性评价。

(二)学习的终结性评价

对学生论文常见的评价方法是将打分项分为5—10项,如选题是否有意义、论证是否有逻辑、资料是否丰实、结论是否合理等,每项10—20分,这一标准过于宽泛,学生并不能从中获得具体清晰的认识。

本课程的重要目的是培养学生撰写高质量学术论文的能力,因此创新地提出了详细具体、具有可操作性的评价指标体系:一级评价指标包括9项,为题目、摘要、关键词、研究目的和意义、文献综述、研究方法、研究提纲、参考文献、格式，其中最重要的研究基础——文献综述部分为 20 分，其他 8 项分别为 10 分（见图 1）。

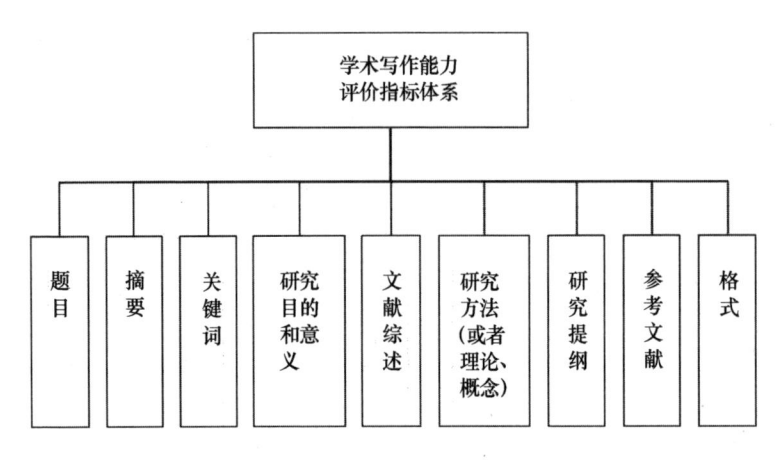

```
                    学术写作能力
                    评价指标体系
  ┌──┬──┬──┬──┬──┬──┬──┬──┬──┐
 题 摘 关 研 文 研 研 参 格
 目 要 键 究 献 究 究 参 式
        词 目 综 方 提 考
           的 述 法 纲 文
           和     (或     献
           意     者
           义     理
                 论
                 、
                 概
                 念
                 )
```

图 1 课程评价指标体系

同时，各一级评价指标项下又包括二级评价指标，从而更加细粒度地评价学生的写作能力。例如，一级指标"参考文献"分值共 10 分，其下二级指标项与分值分别为：（1）兼顾中文和外文（2分）；（2）兼顾权威和前沿（2分）；（3）兼顾专著和论文（2分）；（4）文献书写符合格式规范（2分）；（5）10 本（篇）以上（1分）；（6）文献分类并排序（1分）。

在期末报告中，教师据此对学生报告进行打分。以评分标准为依托，将教学评价具体化，科学推进学生对学术规范的学习。

四、依托"一平台"的课堂教学数字化

本课程创新地运用了新兴信息技术平台，即云化的英阅在线阅读平台，实现了课堂教学的数字化，有效提高研讨的效率与质量。

（一）在线阅读平台的使用流程

在线阅读平台的具体使用流程为：
（1）教师课前将阅读资料上传平台；
（2）学生通过平台阅读资料（见图2），并将思考内容以批注的形式保存在平台，批注可修改（见图3），可总览（见图4）；
（3）教师课前预览学生的思考批注，进行备课（见图5）；
（4）师生课堂上基于阅读批注展开研讨。

图2　书单视图

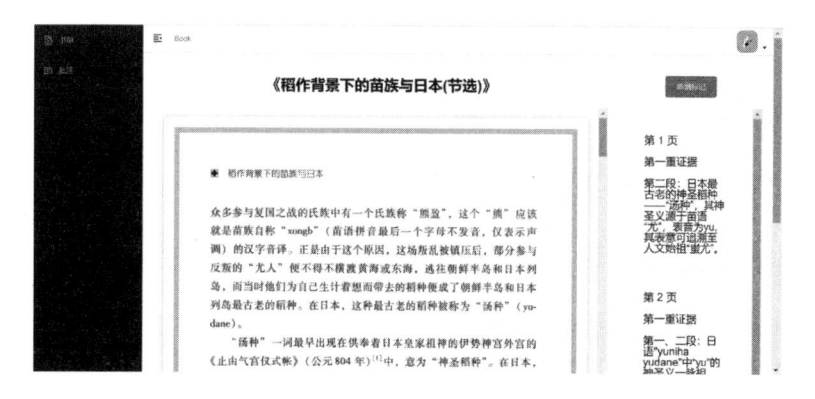

图3　学生的阅读视图

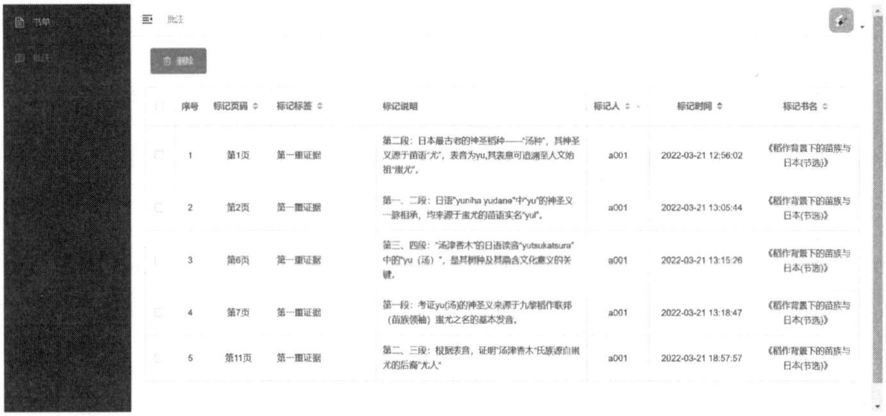

图4　学生的批注列表视图

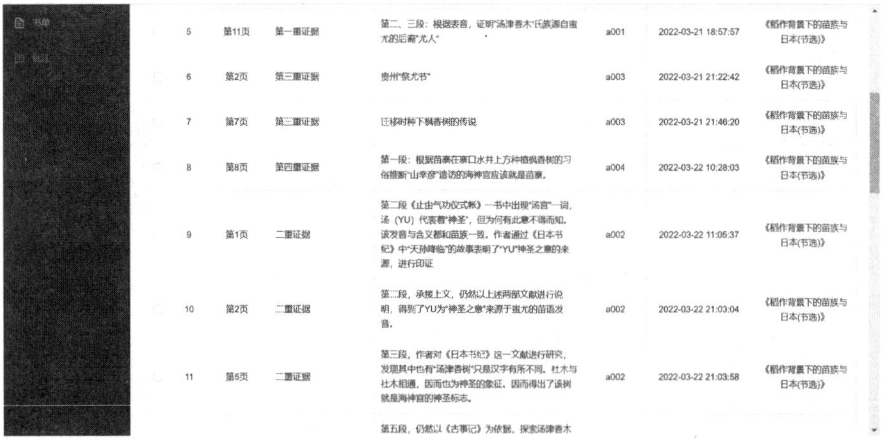

图5　教师的批注列表视图

（二）在线阅读平台的使用效果

本课程依托英阅在线阅读平台实现阅读过程数字化，达到了以下积极效果：

（1）督促学生课前阅读资料，形成有条理的思考，为课堂深入讨论奠定基础；

（2）帮助教师课前了解学生的思考内容，更有针对性地备课；

（3）方便师生在课堂上随时调阅预习批注，提升师生课堂现场研讨的效率；

（4）辅助教师基于批注记录对学生进行过程性评价。

五、教学成效

以上创新改革有诸多成果支撑，取得了一定的教学成效，并在一定范围内进行了推广。

（一）成果支撑

第一，创新改革是团队成员共同努力的结果。团队成员分布于语言学、翻译学、文学文化学三个方向，并分别探索政治语言学、文化翻译学、文学人类学等跨学科前沿领域，团结协作，推动课程建设。

第二，团队成员获批校级数字化教学方面的教改项目，成功运用英阅在线阅读平台进行了教学创新研究，此教改项目作为前期基础促进了本课程的教学数字化创新。

第三，团队成员基于混合式教学、内容依托式教学发表教改论文，对教改的持续关注促进了本课程的创新。

（二）教学成效

第一，本课程获评 2021 年北京市高校课程思政示范课程。

第二，学生毕业论文质量稳步提升。近年国际关系学院日语系大四毕业论文设计越来越规范，研究领域趋向多元化，学生能够找到自己的科研兴趣所在，能够运用合适的方法和理论开展相应的研究工作，从而推动了日语系的区域国别研究。

第三，锻炼了学生的思维，夯实了学生的写作能力。有的学生在学术期刊发表论文；有的学生毕业后进入政府部门、媒体等工作单位，系统的学术训练为他们的案头工作奠定了坚实的基础；有的学生读研深造，入学申请时需要提交研究计划，本课程为他们奠定了良好的写作基础，助力他们继续深造，许多学生被国内外高校录取。

（三）推广辐射

第一，课程推广会。国际关系学院日语系就应该如何建设《论文写作与研究方法》课程召开了小型讨论会，与各高校的教师进行了深入的探讨，并达成共识：在日语系开设这门课是十分必要的；在正确的引导下，学生有足够的潜力不仅可以学得好，而且可以推动教师教学和科研；建设高精尖的学术写作课对教师来说充满了挑战，激励教师不断自我提高。

第二，科研方法讨论沙龙。就如何进行田野调查、如何进行文学人类学研究等话题，与各大学的教师进行探讨。

第三，本课程是按照 2018 年日语语言文学的国家标准设立的课程，做出了积极的探索，具备向全国各高校日语系推广的潜在可能性。

结论：课程思政"三维度两评价一平台"建设体系模型

综上，在习近平总书记关于哲学社会科学研究的指导思想指引下，在新文科的大背景下，《学术写作与研究方法》课程积极践行"出精品、育英才"的教学目标，创新地提出课程思政"三维度两评价一平台"的建设体系模型：以信息平台为依托，在课堂实践中实现了过程性评价和终结性评价的数字化和具体化，推动建成有情怀、跨学科、追前沿的优质课程（见图6）。

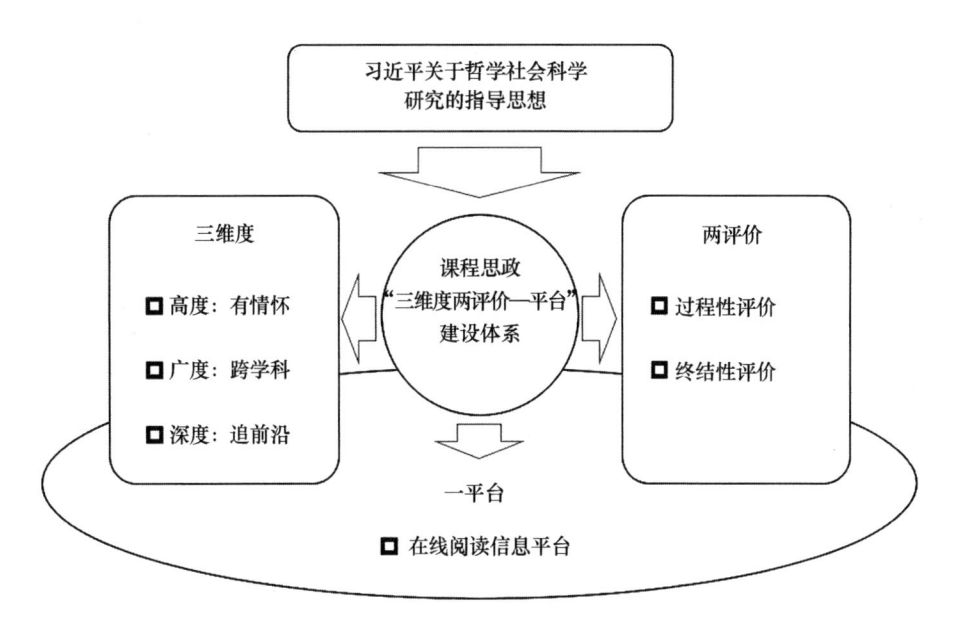

图6 课程思政"三维度两评价一平台"建设体系

参考文献

[1] 教育部印发《教育信息化2.0行动计划》的通知，2018年4月13日，教育部网站，http://www.moe.gov.cn/srcsite/A16/s3342/201804/t20180425_334188.html。

[2]《习近平谈治国理政》第三卷，外文出版社2020年版。

探索大学外语教育课程思政的高质量发展之路
——以《现代日语语法》课程教学为例*

胡 欣**

[摘 要] 大学外语教师需遵循教育者先受教育的理念,通过学习国家政策、外语教育新形势、课程思政先进经验等提高政治理论水平和师德修养,并及时改变观念、转换角色,结合本专业特色来设计课程思政目标。在以学生为中心的建设原则下,将学生的实际需求设定为课程思政切入点。在设计大学外语基础课的课程思政时,注重高质量的语料输入,将思政元素与语言知识点、学生学习状况和现实生活紧密结合。在实施课程思政教学时,当学生自觉意识到不足并主动求知时,教师不失时机将课程思政的内容自然融入分析解决问题的过程中,达到润物无声的效果。

[关键词] 大学外语教育 课程思政 立德树人 高质量 语料输入

党和国家高度重视高等教育,多次强调立德树人在培养社会主义建设者和接班人过程中的重要性,并将高校专业课程思政建设作

---

* 本文系 2022 年北京高等教育"本科教学改革创新项目"重点项目"一流本科建设视域下日语专业内涵式发展改革与实践"(京教函〔2022〕395 号)研究成果之一。
** 胡欣,国际关系学院外语学院日语系副教授、硕士生导师,博士,研究方向为日本文化外交、文化国际传播、日语教学。

为落实立德树人根本任务的战略举措。如今，高等教育课程思政建设理念已经深入人心。当前，高质量推进课程思政建设成为高等教育改革创新的重要工作，"守好一段渠、种好责任田，使各类课程与思想政治理论课同向同行，形成协同效应"成为高校专业课教师的崇高使命，高校外语教师也责无旁贷。本文以《现代日语语法》这一大学日语专业基础课程思政教学为例，在吸收前辈先进经验的基础上探索高质量推进大学外语教育基础课程思政的方法，为培养德才兼备的高素质人才贡献力量。

一、加快提升教师能力，夯实课程思政高质量建设的基础

在全面落实和高质量推进高校课程思政建设过程中，高校专业课教师起到关键的作用。习近平总书记在 2016 年 12 月 7—8 日召开的全国高校思想政治工作会议上强调："高校教师要坚持教育者先受教育，努力成为先进思想文化的传播者、党执政的坚定支持者，更好担起学生健康成长指导者和引路人的责任。"[①] 2023 年 5 月，习近平总书记又在中共中央政治局就建设教育强国进行集体学习时强调："强教必先强师。"[②] 由此可见，教师先接受教育已经成为高校课程思政建设的前提条件，需要通过加大教师综合素养，尤其是课程思政建设能力的培训力度来进一步强化高校教师的育人意识和育人责任。

课程思政建设对高校教师综合素养的提升提出了更高要求，不

---

① 教育部思政司：《全国高校思想政治工作会议情况综述》，教育部网站，2018 年 1 月 3 日，http：//www.moe.gov.cn/s78/A12/s8352/moe_1445/201801/t20180103_323619.html。

② 《习近平主持中央政治局第五次集体学习并发表重要讲话》，中国政府网站，2023 年 5 月 29 日，http：//www.moe.gov.cn/s78/A12/s8352/moe_1445/201801/t20180103_323619.html。

仅需要教师提升专业素养、人文素养，还需进一步提高政治理论素养、教育素养等。笔者认为以下三方面内容是高校外语教师的必修课：首先，提升政治思想水平，强化强教兴国意识。为此，要紧跟时代大势、深入学习党和国家关于高等教育的重要论述和政策文件等，深刻领会精神实质。例如，党的二十大关于教育强国建设的论述为高等教育擘画出宏伟蓝图，是今后一段时期高等教育的改革方向。前面提到的习近平总书记关于教育强国建设的论述和全国高校思想政治工作会议精神都是重要的学习材料。教育部于2020年印发的《高等学校课程思政建设指导纲要》（本文简称《纲要》）也是重要的指导性文件。《纲要》明确将政治认同、家国情怀、文化素养、宪法法治意识、道德修养等作为课程思政重点内容，并指出课程思政教学体系建设"要根据不同学科专业的特色和优势，深入研究不同专业的育人目标，深度挖掘提炼专业知识体系中所蕴含的思想价值和精神内涵，科学合理拓展专业课程的广度、深度和温度，从课程所涉专业、行业、国家、国际、文化、历史等角度，增加课程的知识性、人文性，提升引领性、时代性和开放性"[①]。由此可见，与以往高校专业课教师随意性大、内容涉及面窄的育人工作不同，当前国家对课程思政建设的要求显然要更高更严，体现出涉及范围广、内容全等特点。其次，明确外语教学与外语教育的区别，加快外语教师角色的转换。从事英语教育研究的著名学者文秋芳指出："如果我们的教学只强调语言自身的规律和语言技能训练，而不考虑大学生的全面发展，这样的外语教学不能算是外语教育，充其量只能等同于国外的语言学校或国内的语言培训机构的技能训练，外语教师

---

① 教育部：《高等学校课程思政建设指导纲要》，教育部网站，2020年5月28日，https://www.gov.cn/zhengce/zhengceku/2020-06/06/content_5517606.htm。

也不能算是从事高等教育的工作者，而只是一般的语言技能训练者。"① 由此可见，大学外语教师需以外语教育为己任，承担起育才育人双重责任。另一层面，在当今世界正在经历百年未有之大变局的背景下，我国外语教育的重心也已经从原来的"多了解世界"逐渐转移到"让世界多了解中国、用外语做好国际传播、讲好中国故事"上来。在教育理论方面，中国学者也在创新探索符合本国特色的教育理论。这些变化均要求外语教师加快更新教育理念和方法、明确育人责任，将爱国爱家、文化自信、跨文化理解等课程思政元素巧妙融入专业课教学中。同时，大学教师的角色也要尽快从单纯的知识传授者转变为多重角色，如学生健康成长、创新思维、奉献祖国的引路人，学习活动的设计者和指导者，课程思政的设计者和实施者等。最后，学习借鉴在课程思政建设方面成绩突出的优秀教师的经验成果，为创新实践提供有益参考。例如，"以学生为中心""产出导向""任务导向"等是课程思政建设必须遵守的原则；解决学生在认知上的困惑是最现实的教学起点；教学的有效实施就是让学生参与；课程思政建设最终要落实到专业知识教学上来；课程思政的成效是学生的收获等等。教师唯有通过主动学习来不断提高认识、改变观念、借鉴吸收好方法，才能为专业课课程思政的创新实践打下坚实基础。否则，课程思政建设便会沦为空谈。

二、关注学生需求，找准课程思政的切入点

如前所述，"以学生为中心""产出导向""任务导向"是高校

---

① 文秋芳：《产出导向法：中国外语教育理论创新探索》，外语教学与研究出版社 2020 年版，第 34 页。

专业课课程思政建设的重要原则。那么，首先从观察学生入手，了解其对课程的态度和所思所想就成为高校专业课教师重要的工作内容。以笔者所讲授的课程《现代日语语法》为例，这是一门在日语专业大二下学期开设的基础课程。语法知识对于外语学习者的重要性不言而喻。掌握了语法知识，便可以准确理解外语表达，还能省去大量时间，达到事半功倍的效果。因此，学生对语法的依赖程度决定了学生对这门课程的期待程度。另外，对于日语专业大二学生来说，这门课程的内容并非完全陌生，他们在大一和大二的精读、听力等专业基础课上已经学到部分相关内容。但由于平日所学的语法知识较为琐碎，学生难以把握基本的日语语法体系。他们希望在语法课上解决这个问题。同时，有些学生因没有学到位而导致语言表达频频出错或是产生不少困惑。这些错误和困惑是学生所关注的重点，同时也是学生主动求知的起点。"意识到问题的存在是语言习得的第一步。"[①]"由学习者自己意识到的语言缺失引发的学习是一种自我驱动的学习。"[②] 换言之，当学生在学习过程中产生疑问或感到困惑、自觉意识到不足而激发起主动求知的欲望之时，便是传授知识的最佳时机，同时也是课程思政高质量切入之时。只有当学生从"要我学"的状态主动切换成"我要学"的状态时，知识信息才有可能入耳入脑入心，知识传授和课程思政教学才有可能获得成效。

  关于如何找准课程思政的切入点，笔者认为，可以从以下三方面获得：一是根据多年的教学经验来判断。尽管每届学生都有各自的特点，但也普遍存在一些共同的疑问和困惑。这些均有可能成为

  [①] ［日］国际交流基金、『国際交流基金 日本語教授法シリーズ第4巻「文法を教える」』、ひつじ書房2010年版、第39頁。
  [②] 文秋芳：《产出导向法：中国外语教育理论创新探索》，外语教学与研究出版社2020年版，第37页。

课程思政教育的切入点。二是课前通过微信和雨课堂等科技手段布置提问作业和小练习，从学生的反馈中发现问题。三是通过在课堂上教师提问、师生讨论、实践练习等方式使学生自觉意识到存在知识盲点，也可以通过学生提问来直接了解其学习需求。

三、创新设计，实现思政元素的高质量输入

习近平总书记在2016年12月7—8日召开的高校思想政治工作会议上指出："思想政治工作从根本上说是做人的工作，必须围绕学生、关照学生、服务学生，不断提高学生思想水平、政治觉悟、道德品质、文化素养，让学生成为德才兼备、全面发展的人才。"[①] 这一重要指示表明，课程思政建设必须遵循以学生为中心的原则，对学生要进行全方位的培养。对外语教育而言，除了《纲要》所提到的政治认同、家国情怀、文化素养、宪法法治意识、道德修养等元素之外，还需结合外语专业的特色，将跨文化理解和沟通、文化的国际传播等内容纳入其中，形成具有专业特色的课程思政目标。

具体到《现代日语语法》课程思政建设，笔者遵循以学生为中心的原则来思考课程思政教学设计，并仔细观察分析学生需求，将学生平时的疑问和困惑分为两大类，即语言基础知识拓宽类和文化规则融合类。学生对语言基础知识的关注主要集中在错误解析和词语句型的辨析等方面。当学生在学习过程中产生疑问或困惑时，高质量的语料输入便成为解决问题的重要手段。关于高质量的语料输

---

① 《习近平在全国高校思想政治工作会议上强调：把思想政治工作贯穿教育教学全过程 开创我国高等教育事业发展新局面》，人民网，2016年12月9日，http：//www.dangjian.people.com.cn/n1/2016/1209/c117092-28936962.html?ivk_sa=1025883i。

入，有文献提到：教授语法时，"句子的语境、意思等内容越是贴近学习者的生活实际、越是能够引起学习者的兴趣和关注，那么输入的质量就越高"①。根据这一规律，并结合相关课程思政元素，笔者尝试输入三种类型的语料：一是贴近日常生活的常用语句，或是预测学生有可能用到的内容；二是选择从学生角度来看较为实用的语句，增加实用性和趣味性；三是利用日语时政语料库等资料选择关系国情、国际形势、全球关切方面的语句，使学生接触实际使用的书面语表达。国家高等教育主管机构一再强调，高校专业课程思政建设要避免"两张皮"问题和生拉硬拽等情况。多年的日语教学实践表明，课程思政元素的挖掘必须紧紧围绕语言知识点，才能实现教书育人相统一。举例来说，针对学生渴望拓宽基础知识这一需求，可以根据具体情况设计含有相关思政元素的高质量语料。这样既方便学生对语言知识点的理解和消化吸收，也有利于课程思政内容的高质量输入。又如，当学生因不了解对象国文化交际规则而导致表达错误时，可通过解释对象国文化交际规则和传授准确恰当的表达方式来解决问题。而这个解决问题的过程也是帮助学生提高跨文化理解能力、交际能力的过程。在此过程中，理解并尊重他国文化、提倡文化多样性等思政元素的导入便成为理所当然的事情，它们与语言知识点密切相关，并有助于实际问题的解决。

以下是笔者在《现代日语语法》课程教学中挖掘课程思政元素、探索专业知识点的教学与课程思政紧密结合的典型案例。

---

① ［日］国际交流基金、『国際交流基金 日本語教授法シリーズ第4巻「文法を教える」』、ひつじ書房2010年版、第17頁。

案例设计 1

知识点：常用句型表达

思政元素：鼓励正向思考、积极面对挫折

说明：学生的语法学习普遍存在这样一种现象，即学生虽然比较擅长对语法规则的描述，可一旦被要求举例说明时便卡了壳。这说明学生在对语法知识点运用层面出现了问题。外语的学习，离不开语料的大量输入。如前所述，当学生意识到存在知识盲点后，不失时机地输入实用性强又含有思政元素的语料，则能自然而然地达到知识学习和思政学习的双重效果。因此，具体设计时，笔者多选择具有正能量的语料提供给学生，在帮助他们准确理解和运用的同时，鼓励学生正向思考、积极面对挫折。例如，句型"からといって"，使用"一度二度失敗したからといって、あきらめてはいけませんよ""試験が落ちたからといって、落ち込む必要はない"，可以提醒学生不能因为一两次失败就放弃、不必因为考试挂科而消沉。又如，句型"わけではない"，使用"彼の日本語は初めから上手だったわけではない""あの人も初めからこんなに仕事ができたわけではない。若い頃は、先輩のやることを見て、できないながらもそのまねをしていたのだった"等例句，可以引导学生意识到做任何事情都需要付出相应的努力才有可能成功，以此鼓励他们为实现目标而奋斗。再如，句型"～ばいい"，使用"次頑張ればいい"这种实用性强的口语表达，既能方便学生记忆，也能对考试成绩不太理想的学生起到一定的安慰和勉励作用。笔者认为，为学生提供有情有义有温度的语料，这是教师在课程思政设计中值得努力的方向。

案例设计 2

知识点：书面语表达的语料

思政元素：了解国情世情、坚定正确的政治立场、培养家国情怀

说明：当今时代，信息发达，外语学习中的书面语语料可以借助互联网、通过语料库等手段轻松获得。笔者利用平时所构建的时政语料库，就能获得关于政治、经济、社会、文化、外交等多方面的新鲜语料。这就为教师和学生接触现实社会实际使用的语料提供了便利条件，同时也为挖掘课程思政元素提供了很好的素材。例如，连体词"いかなる"属于较为生硬的书面语表达，在文章中常常见到。笔者利用时政语料库检索后发现，在语言表达特点方面，"いかなる"多以"いかなる+名詞+も""いかなる+名詞+でも"的形式出现，表达"任何……都……"的意思；在例句方面，当表达中国政府对台湾的一贯立场、共产党对待人民的原则之时，均使用了"いかなる"一词。因此，将诸如"台湾は中国の台湾であり、台湾問題を解決するのは中国人自らのことであり、いかなる外部勢力も介入、干渉の権利はない""一つの中国の原則にはいかなるあいまいさも存在しない""中国共産党はいかなる時でも民衆の利益を第一に置いている"等典型例句用于描述"いかなる"实际使用的状态，既能准确呈现语法知识点的使用语境，也向学生提示了中国明确的政治立场与原则，有助于学生理解国情世情、培养家国情怀等。

案例设计 3

知识点：句型辨析

思政元素：明白做事细心的重要性、辨析事物的方法

说明：语法知识点的辨析是学生向老师请教的最常见问题。稍

加观察便不难发现，导致困惑的原因主要是形式上的误判和用法上的模糊不清。例如，"とばかりに"和"ばかりに"、"にもかかわらず"和"にかかわらず"等属于形式上非常相近的句型。学生常常因此将两者混为一谈。显然，这是学生做事不够仔细造成的后果。另外，学生还希望辨析这两个句型的用法。事实上，这些句型仅仅在形式上相似，意思和用法完全不同，没有可比性。又如，"やいなや""とたんに""かないかのうちに"这三个句型的汉语参考译词都是"一……就……"。学生会因此分辨不清。其实，它们各自都具有典型的用法特征。而仅仅记忆参考译词，必然会因难以把握该句型的全貌而导致认知偏差。鉴于上述情况，笔者会给学生提供恰当的语料输入并引导学生学习做事的方法，即通过分析比较各个句型的典型特征来领悟辨析事物的前提是先要梳理清楚语法知识点的特征，在此前提下进行辨析，问题就会迎刃而解。

案例设计4

知识点：自动词"伝わる"和他动词"伝える"的比较
思政元素：理解跨文化沟通的目的
说明：自动词"伝わる"和他动词"伝える"，从语法角度来看，自动词"伝わる"表示状态、他动词"伝える"表示动作行为，两者的差异十分明显。然而，大多数学生意识不到的是，从文化规则、交际规则等角度来看，他动词"伝える"指的是说话人单方面的表述，这种做法未必能达到沟通的目的。自动词"伝わる"则表示听者接受了说话人的意思表达。日常交流时，相较于单方面表达，要让对方听得进去，这才是交际表达的目标。因此，在设计课程思政内容时，笔者会要求学生对自动词"伝わる"和他动词"伝える"进行比较，使其意识到知识盲点并产生好奇心。之后，教师再提供适当的知识输入，并引导学生理解跨文化沟通需要以对方能够接受我方主张为目的，避免自说自话。

案例设计 5

知识点：中国汉字对日语所起的作用

思政元素：加强文化自信、提倡文明交流互鉴

说明：在讲述日语特点时，必然会提及中国汉字对日语的影响。众所周知，中国汉字与日语有着较深的渊源。但大多数学生的认知仅仅停留在日本人利用中国汉字创造出平假名和片假名这一方面。笔者通过提问的方式，了解学生对中国汉字对日语所起作用这一问题的认知程度，同时激发学生对新知的好奇心，并通过引入"万叶假名""唐音""吴音""汉音""宋音"等概念来介绍中国汉字对日语发展所起的作用，以此拓宽学生知识面，并引导其感受汉字的魅力，从而增强文化自信。顺带提到，日语对近现代汉语的发展也起到一定的作用，使学生认识到文明交流互鉴对各自语言文化发展的重要性。

案例设计 6

知识点：敬语的用法

思政元素：理解文化多样性、尊重对方交际习惯

说明：日语的敬语表达被外语学习者公认为学习难点。学生尽管对敬语的基本规则有一定了解，但使用时仍错误频出。例如，在日语课授课结束之时，学生往往会用"お疲れ様でした"来向老师致谢。显然，学生将"老师，您辛苦啦"这句用于向老师致谢的表达直接翻译成了日语。然而在日语中，"お疲れ様でした"这种表达慰劳的说法恰恰不能用于对老师的感谢，甚至还会引起对方不满。又如，在师生聚会点餐的场景中，学生也会用"先生、何を召し上がりたいですか"这句话来询问老师的需求。从语法规则的角度来

看，似乎没有纰漏。但这句错误表达是因为学生不清楚"向不熟悉的人、上级或长辈询问其所思所想是十分失礼的行为"① 这一日本人的交际规则。以上错误例句均为学生在实际场景中使用敬语时出现的表达。笔者在分析原因和提供准确表达之后，还提醒学生三点注意事项：一是语法规则不能代表全部。语言的使用必须考虑相应的社会交际规则。二是将中国的表达习惯直接翻译成日语而不考虑日本人在相同场景下的表达习惯，这种做法只会酿成大错，有时甚至有损人际关系。三是各国的语言均与本国语言的社会文化规则紧密相连，只有在充分理解文化多样性和尊重对方交际习惯的基础上才能达到准确沟通的目的。这些注意事项既与语言知识点密切关联，也是课程思政的具体体现。

以上课程思政内容的设计，是笔者根据多年的教学经验总结出来的几类典型案例。笔者注意到，在学习实践过程中，学生大多会犯类似错误。因此，如果教师能够在课前梳理学生的疑问、困惑和兴趣点并挖掘相应的课程思政元素，就会为课堂教学提供丰富的课程思政内容，也促成教师有的放矢地开展课堂教学。

四、把握时机，实现课程思政的自然融入

课程思政教学的实施，把握时机尤为重要。这里所指的时机需要满足两个条件：一是学生产生主动求知的欲望；二是教师认为课程思政内容的融入有助于问题的解决或学生综合素养的提高。一般认为，教师需要等待课程思政教学时机的到来。其实，从某种程度

---

① ［日］国际交流基金、『国际交流基金 日本語教授法シリーズ第 4 卷「文法を教える」』、ひつじ書房 2010 年版、第 25 頁。

上讲，这种时机可以通过创造获得。众所周知，大学专业日语课的教学多为小班授课，注重师生互动，以调动学生的学习积极性。具有中国特色的外语教学理论"产出导向法"理论提到："调动学习积极性的最好方法就是创造机会让学习者主动寻求知识盲点，以激发弥补盲点的欲望，"[①]"初始的输出是为学生提供'知不足'和'知困'的机会，有意创造'饥饿感'，激发学生学习欲望。"[②] 可见，在课堂上，通过提问、讨论、练习、布置任务等多种方式为学生提供试错机会，正是为后续高效的知识输入和课程思政教学做好铺垫。没有这个机会，学生也就难以意识到自身存在认知上的不足和运用外语方面的短板，也就难以激发学习的内在驱动力，自然也就不会迎来知识输入和课程思政教学的最佳时机。

在《现代日语语法》课程教学实践中，笔者尝试将课程思政教学的实施贯穿教学的整个过程。笔者设计日语语法小练习用于课前预习和课后复习。在设计习题时，选用了一部分语言知识和思政元素结合紧密、实用性强的例句，使学生在练习过程中自然接触到课程思政元素。课上，在依据产出导向法创造试错机会、激发学生主动求知的欲望之后，针对学生所关注的语言知识点和课程章节的重点难点，在分析要点的同时不失时机地提供含有思政元素的高质量语料或与分析解决问题密切相关的课程思政内容。课后，除了通过语法小练习间接向学生提供课程思政资料之外，针对学生课后提出的疑问，笔者也会抓住机会提供个性化辅导，兼顾知识点的传授和相关的课程思政内容。

课程思政的实施要求"隐性呈现"。换言之，在实施课程思政教

[①] 文秋芳：《产出导向法：中国外语教育理论创新探索》，外语教学与研究出版社2020年版，第37页。

[②] 文秋芳：《产出导向法：中国外语教育理论创新探索》，外语教学与研究出版社2020年版，第47页。

学时，既不能与具体的语言知识点的学习分开讲授，也不能大张旗鼓地将教学重点放在课程思政内容上。教学的重心仍然是语言知识的传授，只是需要将课程思政内容自然融入语言知识的传授当中。例如，前面提到在语法小练习中设计添加含有思政元素的句子，使学生在不知不觉中接触到思政元素。又如，在传授敬语用法时，学生在使用敬语时出错的主要原因在于学生缺乏对跨文化交际规则的认知。如果无法充分理解对象国文化交际规则、不尊重他国文化，那么不但会导致跨文化沟通的失败，甚至有可能造成人际关系的破裂。只有维护文化的多样性，人类才能在"地球村"和谐共生。可见这些思政元素与敬语知识点的学习密切相关，也是解决实际问题必须具备的理念和思维方式，并非在为思政而思政。将这些思政内容自然融入解决问题的过程中，便可达到如盐入水、润物无声的效果。

五、反思与今后的课题

笔者从教育者先受教育、课程思政的高质量切入、高质量设计、自然融入等方面对外语专业基础课程思政建设开展了一定的学习和探索实践。学生的获得感是衡量课程思政建设效果的重要指标。从学生反馈的信息来看，学生不仅获得了实用性强的语言知识，还收获了正能量，懂得了为人处世的道理、掌握了跨文化理解和沟通的方法等。

另外，笔者认为仍有许多值得改进和拓展的地方，主要体现在三个方面：一是课程思政建设属于系统工程，需要经年累月的创新实践和不断充实，需要巧妙设计更多课程思政案例，将更多课程思政元素自然融入语言知识点的学习中。二是单个课程的课程思政建设无法形成集群效应。今后，有必要将语言基础课程组成一个课程群，开展课程思政整体设计，以便集思广益、深入研讨、创新方法。三是目前对课程思政的效果评价的主观性较强，今后随着高校专业课程评价标准的出台，课程思政的设计与实施将有更为客观的标准可依。届时，专业课课程思政教学也需要进一步完善。而这些都将成为笔者继续探索的课题和努力的方向。

教育强国、科技强国、人才强国的目标，需要社会各界齐心协力才能实现。而培养出拥有家国情怀、理想信念坚定、素质过硬、专业优良、能堪大任的有用人才，则是每一位高校教师的光荣使命。任重而道远，唯有团结奋进。

参考文献

［1］文秋芳：《产出导向法：中国外语教育理论创新探索》，外语教学与研究出版社 2020 年版。

［2］邱琳：《产出导向法促成活动设计》，外语教学与研究出版社 2020 年版。

［3］束定芳、庄智象：《现代外语教学——理论、实践与方法》，上海外语教育出版社 2002 年版。

［4］［日］国际交流基金、『国際交流基金 日本語教授法シリーズ第 4 巻「文法を教える」』、ひつじ書房 2010 年版。

［5］［日］坂本正、『学習者の発想による日本語表現文型例文集——初級後半から中級にかけて——』、凡人社 1999 年版。

外语专业课程思政建设路径研究

孙　萌　李相征*

[摘　要] 课程思政是外语课程建设的重要内容，关系到"为谁培养人"这一根本问题。目前英语专业教学中存在一些问题，需要从知识传授、能力培养、价值塑造这三方面解决。具体就是，从知识层面来说，专业知识讲解要向深度、前沿推进；能力层面上要重视学生批判性思维和创新性思维的培养；价值层面上要培养学生的道德素养和文化自信。随着课程思政建设的成熟，所有课程协同育人的"大思政"效应将会得到更好发挥，立德树人的根本任务将会更好实现。

[关键词] 外语教学改革　课程思政　知识传授　能力培养　价值塑造

2019年，全国高校思想政治工作会议强调："办好思想政治理论课，最根本的是要全面贯彻党的教育方针，解决好培养什么人、怎样培养人、为谁培养人这个根本问题。"大学课堂是思政教育的前沿阵地，因此在外语教育领域中，英语课程教学要主动融入学校课程思政教学体系，使之在高等学校落实立德树人根本任务中发挥重

---

* 孙萌，聊城大学英语系本科生；李相征，聊城大学外国语学院讲师。

要作用。

一、英语专业的培养目标及现存问题

教育部高等学校外国语言文学类专业教学指导委员会在 2020 年春出版的《普通高等学校本科外国语言文学类教学指南》中规定，英语专业的培养目标为："培养具有良好的综合素质、扎实的英语语言基本功、较强的跨文化能力、厚实的英语专业知识和必要的相关专业知识，能适应国家与地方经济建设和社会发展需要，熟练使用英语从事涉外专业、英语教育教学、学术研究等相关工作的英语专业人才和复合型英语人才。"不过，目前英语专业课程存在如下问题：

首先，知识传授方面，高级英语的教学重点依然停留在培养和提高学生的英语语言能力，侧重于听、说、读、写、译的训练，知识传授缺乏深度和前沿性。在英语专业的基础教育中（大学一、二年级），英语专业听、说、读、写、译能力的教学在 90% 以上，在四年的课程中，英语专业听、说、读、写、译能力的教学达 65% 左右，英语教学的语言项目数量过多却效益不足，教学过程较为机械，使得英语学生无法适应社会发展的要求。

其次，能力培养方面，大多数课堂仍沿用课前学生预习，熟悉课文；课中教师讲解重难点；课下学生完成习题并对照答案进行修改的教学模式。这样的教学模式在课堂中使教师取代了学生的主体地位，降低了学生主动学习的意愿，使课堂趣味性下降，而且从长远来看，此种教学方式仅仅是提高了学生的做题和应试能力，却忽视了学生创新型思维和批判性思维能力的培养，不利于学生的全面发展。

最后，价值塑造方面，英语教材主要涉及西方社会和文化，以英文原版书籍和杂志文章为主，教学内容以西方历史、社会和文化为主，使得课程中忽视了对学生的正确价值观塑造。文化的传播应当是正向和双向的，英语教学内容的失衡会在一定程度上影响学生对知识的全面掌握，同时学生的思维过多受西方思想的影响，从而影响了现代学生人生观和价值观的形成，甚至丧失理想信念和道德规范。在此种情况下，学生缺乏在国际上传播自己文化的能力和将优秀的中国传统文化"讲给世界听"的意识。

由此可知，现阶段在外语教育领域从知识传授、能力培养和价值塑造三个方面来讨论课程思政建设显得尤为重要。

二、课程思政建设的路径

下面，本文从上述三个方面来探讨外语系课程思政建设的路径。

（一）专业知识讲解向深度、前沿推进

2018年9月10日，习近平总书记在全国教育大会上强调："要深化教育体制改革，健全立德树人落实机制，扭转不科学的教育评价导向，坚决克服唯分数、唯升学、唯文凭、唯论文、唯帽子的顽瘴痼疾，从根本上解决教育评价指挥棒问题。"[1] 高校利用英语教学进行思政教育，除了传授西方语言文化知识外，更要在知识传授方面向深度、前沿推进，避免学生对课程中蕴含的价值观和精神元素

---

[1] 《习近平出席全国教育大会并发表重要讲话》，2018年9月10日，中国政府网站，http://www.gov.cn/xinwen/2018-09/10/content_5320835.htm。

理解浅显，无法将学习效果最大化的问题。

在课堂中，教师应结合授课内容为学生提供充足的学习材料，从中发掘值得深思的点并引领学生思考，增加知识讲解的深度，使学生在自我发现和获取新知识的过程中分析和应用这些材料，从而领悟和掌握知识。例如，在《综合英语》这门课程中，第一册"The Boy and the Bank Officer"，通过对课文的讲解，教师要首先让学生明白，有些事情并不是浮于表面的，眼见也不一定为实，只有耐心探索才能发现隐藏的事实，并让学生思考关于"美丽的谎言"的定义和解释，以及使用它的方法和时机。同时在授课过程中，可以让学生列举生活中的"美丽的谎言"及其带给我们的正面或负面影响。从而使学生对文章的内涵有更深层次的理解和感悟。在"Your College Years"一文中，作者描述了学生在学习期间的心理变化和面临的不同挑战。如何了解自己，如何与父母沟通，如何与异性沟通，如何与同伴沟通，如何找到正确的生活态度，如何适应大学里新的学习方式，如何与来自不同文化和其他地区的同伴沟通等。通过告知学生其面临的问题不是孤立的事件，而是在他们成长过程中出现的经验累积，教师可以帮助学生了解自己，找到解决问题和冲突的方法。这也是增加知识讲解深度的一种方法。

不仅如此，教师教授的过程中应意识到每个文本都有不同的内涵，需要有一双慧眼去发现它，将其延伸到更先进和前沿的层次。在"The Green Banana"一课中，作者研究了种族偏见是如何渗透到人们的头脑中的，并利用生动的故事和经验，引导人们在全球化的世界中尊重不同的民族和地区文化，以培养具有国际意识和接受各种文化的新一代年轻人。在这种方式的讲解下，学生领悟到的知识不仅限于表面，而是向前沿化推进，有助于实现引领文化走向世界的目标。

（二）重视学生批判性思维和创新性思维的培养

首先，批判性思维是创新的前提，没有批判性思维就不能创新。古希腊哲学家苏格拉底的教诲特色是注重批判思考。他倡导人们在接受他人的建议之前要深入思索，而不能相信所谓的绝对权威。近年来，全世界都十分重视对批判性思维的研究，因为在当今信息时代，人们需要随时运用大量的资讯和知识，从而开展批判性思考。西方发达国家已经指出，大力发展新型社会工作者的批判性思维能力，尤其是对大学生批判性思考的培养与发展，从而达到保持经济社会发展水平和竞争力的目的。

要拥有批判性思维，就需要探索事实，把反思和质疑作为理解事实和事件性质的手段。在外语教学研究中，教师需要帮助学生了解书本上印制的内容不一定是真实的，我们阅读的教材仅仅表达的是作者的观点。在课堂中，通过提出开放式的问题，教师鼓励学生以不同的方式探讨问题，阐述自己对问题的看法，评价每个人不同的观点，从而发展批判性思维能力。以讲授"A Special Goose"一文为例，由于作者是著名科幻作家艾萨克·阿西莫夫，这个故事充满了生化术语，讲述了一只鹅孵出了一个金蛋，这引起了科学家的注意，他们开始进行深入调查。结论是，这只鹅被核爆炸产生的放射性沉降物污染了，它的身体里发生了核反应，它通过以金蛋的形式排出有毒物质来保护自己。教师的问题不应局限于一些语言上的细节或调查的环节。相反，要问：写作时期是什么时候？当时的世界处于一种什么形势下？该文是一篇科幻小说，它的语言特点是怎样的？科幻小说如何与现实紧密结合？作者想要通过这个故事表达什么？通过不同层次的启发，使学生了解到，这个故事写于冷战时期，正值美苏进行军备竞赛，存在着核战争的风险，作者通过这篇与鹅相关的故事阐述了核武器对人类的危害。但这就是作者的全部创作意图吗？由于这类文章没有标准答案，教师会引导学生对文章主旨内容进行进一步思考，从不同的角度来分析文章。毫无疑问的，核辐射的威力是巨大的，如果人类真的受其威胁，该如何最大限度地保全人类？一旦人类消失，宇宙中会出现新的物种吗？学生的观点是，在此篇文章中，作者的真正意图是说明整个宇宙是不变的，任何形式的生命都是取之不尽、用之不竭的，而像鹅一样，人类已经发展出防御机制来应对核污染。通过这种方式，他们能够理解看似无趣的科幻小说，对其基本特征有了了解，并对生命和人类生存的意义有了新的认识，同时锻炼了自己的批判性思维能力。

其次，培养批判性思维的目的是创新。2018 年 9 月 10 日，习近平总书记在全国教育大会上强调，教育"要在增强综合素质上下功夫，教育引导学生培养综合能力，培养创新思维"①。学生创新思维的发展与教师在教学方面的创新举措是并驾齐驱的。这意味着教师是创新的典范，只有教师在课堂中营造出适合学生进步的创新氛围，才可以带动学生进一步发展。然而，一些教师认为，创新主要是在科学技术的尖端领域，英语教学的创新并不值得一提。创新并不是一个晦涩难懂的东西，它与我们的工作和生活是息息相关的。在外语专业教学领域中，教师积极开拓新的教学内容，深挖教材，创新教育教学方法，对陈旧教学思想进行改革，应用更先进的教学手段和教学模式等，所有有助于学生全面发展的举措，都可以视为创新，对学生创新性思维的发展都会有很大帮助。

例如，在外语教学领域中，可以采用项目实践的方式来培养学生创新性思维。项目实践是学生在团队工作和个人研究的基础上，

---

① 《习近平：坚持中国特色社会主义教育发展道路 培养德智体美劳全面发展的社会主义建设者和接班人》，教育部网站，2018 年 9 月 10 日，http：//www.cac.gov.cn/2018 - 09/10/c_1123408490.htm。

开展团队项目或专题作业。这种全面的学习过程会使学生终生受益。当然，这一切都取决于教师教学和学生学习方式的改变。互联网和多媒体的广泛使用为改变传统的知识传授方法创造了条件。在课堂外，教师为他们的课程建立自己的网站，提供尽可能多的参考资料，让学生查阅教师所教课程的基本文件，并允许学生利用互联网独立学习。学生为自己的主题或项目选择合适的材料，或从其他来源找到自己需要的信息。通过独立学习，学生获得了新的知识，并消除了课堂上的主要学习障碍。在课堂上，教师回答一般性问题，阐述课程难点，提供综合知识，并提出略微超出学生能力的问题。学生听教师讲课，参与讨论，并以小组形式工作，提高他们发现问题和解决问题的能力。同时，教师还会开设一个电子论坛，学生可以在这里提问、留言、相互讨论和提交作业。教师监督并及时作出回应。教师实时监控和回应。自学和课堂教学的结合是一种科学有效的知识传授方法。通过这种方式完成基本的学习任务，教师可以无限的方式回应学生的个人学习需求，使教学效果加倍，同时学生的思维也得到锻炼。

（三）培养学生的道德素养和文化自信

2016年12月7—8日，在全国高校思想政治工作会议上，习近平总书记强调："要坚持把'立德树人'作为中心环节，把思想政治工作贯穿教育教学全过程，实现全程育人、全方位育人，努力开创我国高等教育事业发展新局面。"[1] 在经济全球化和国际贸易不断增长的背景下，英语专业人才作为与外国交流和合作的纽带，发挥

---

[1] 习近平：《在全国高校思想政治工作会议上的讲话》，新华社，2016年12月8日，http://www.xinhuanet.com/politics/2016-12/08/c_1120082577.htm。

着越来越重要的作用。大学需要培养具有专业语言技能、专业精神以及家国意识的人才。出于这个原因，对英语专业课程的价值塑造十分必要。教师可以通过充分发挥"第二课堂"的补充作用，将中国传统文化价值观融入英语核心课程中。

"第一课堂"的关键是找出现有教科书中与中国传统文化价值相关的方面，并努力选择和提炼有关中国传统文化的补充材料。"第二课堂"作为对教学的一种辅助和补充，可以在一定程度上增加学生的学习热情，激发学生的兴趣和参与程度。例如，英语团队举办"学习二十大，奋进新征程"英语宣讲活动，此活动采取线上、线下相结合的方式进行。在收集相关材料、做足充分准备之后，英语团队的成员们召开会议对党的二十大精神的内涵及意义进行普及贯彻。同时选取有关党的切实深刻的案例进行讲述，向学生宣传党的先进精神以及相关政策，增强了大家对党的二十大精神的认识与理解。在宣讲过程中，参与同学认真聆听，积极发表自己的见解与感悟，在热烈讨论中加深了对党的二十大精神的理解，明确了未来的前行道路。活动结束后，同学们纷纷表示不仅要将专业理论知识学懂、学好，将习近平新时代中国特色社会主义思想传递给身边的青年朋友，更要用自己的亲身实践带动更多的青年参与到国家建设中去，积极响应习近平总书记"青年兴则国家兴，青年强则国家强"的号召。此外，还有丰富多彩的课外实践活动，如中国传统文化英语微视频大赛、"互联网+中国传统文化"创新活动和"畅谈中国故事，传播中国声音"英语演讲比赛。在英文微视频活动中，选择了文化和思想政治的相关主题，让学生在制作过程中感受中国传统文化的深度，增强爱国主义精神；创新活动"互联网+中国传统文化"让学生用英语将过去和现在联系起来。"畅谈中国故事，传播中国声音"英语演讲比赛还帮助学生将知识付诸实践，发展他们的英语语言能力，并提高自身的国家观和国际观。利用英语口语、写作和阅读的外研社比赛，按照社会主义价值观和中国传统价值观安排科目，使学生能够读、写、说、讨论、理解事物，进行道德陈述，形成正确的世界观、人生观和价值观。通过此种形式来丰富课程，不仅提高了学生的参与意识，更通过价值塑造建立起他们的"文化自信"。

三、结论

综上所述，外语系可以通过专业知识讲解向深度、前沿推进；重视学生批判性思维和创新性思维的培养；培养学生的道德素养和文化自信的方式进行课程思政建设，拓展外语教学的高度和深度。高校必须围绕"为谁培养人，培养什么样的人、怎样培养人"的根本问题，牢牢把握课堂主渠道，让社会主义核心价值观入耳、入脑、入心、使青年一代有理想、有本领、有担当。虽然此阶段外语课"课程思政"改革还处于一个不断探索和进步的过程，不可避免地存在一些误区和问题。但随着课程思政建设的成熟，所有课程协同育人的"大思政"效应将会得到更好的发挥，立德树人的根本任务将会更好实现。

参考文献

[1]《习近平出席全国教育大会并发表重要讲话》，2018年9月10日，中国政府网站，http://www.gov.cn/xinwen/2018-09/10/content_5320835.htm。

[2]《习近平：坚持中国特色社会主义教育发展道路 培养德智体美劳全面发展的社会主义建设者和接班人》，教育部网站，2018年9月10日，http://www.cac.gov.cn/2018-09/10/c_1123408490.htm。

[3] 习近平：《在全国高校思想政治工作会议上的讲话》，新华社，2016年12月8日，http://www.xinhuanet.com/politics/2016-12/08/c_1120082577.htm。

［4］刘艳林、陶莉：《高校英语教学融入思政元素的问题及策略》，《石家庄职业技术学院学报》2020年第32卷第3期。

［5］董伟：《课程思政视角下大学英语混合式教学有效实践模式研究》，《湖北师范大学学报（哲学社会科学版）》2023年第43卷第1期。

［6］刘立新：《浅析基于课程思政建设的大学英语教学》，《现代农村科技》2022年第7期。

［7］王雪梅、邓世平：《新文科视域下的外语学科发展周期与影响因素》，《上海交通大学学报（哲学社会科学版）》2022年第30卷第3期。

［8］张洁：《大学英语课堂中"课程思政"的渗透研究》，《石家庄铁路职业技术学院学报》2022年第21卷第4期。

［9］王后：《在〈综合英语〉课上培养学生的批判性思维能力——以 The Discus Thrower 为例》，《疯狂英语（理论版）》2018年第4期。

论高校课程思政的三重逻辑

吴月苹[*]

[摘　要] 党的二十大指出："全党要把青年工作作为战略性工作来抓，用党的科学理论武装青年，用党的初心使命感召青年。"高校思政就是一项很重要的青年工作，立德树人成效也是检验高校一切工作的根本标准，课程思政是高校教育改革的一项重要举措。课程思政有其独特的历史逻辑、理论逻辑和现实逻辑。从历史逻辑来看，是继承和弘扬中华优秀文化传统的必然要求，是党的优良传统和政治优势，更是新时代的新要求；从理论逻辑来看，不同于思政课程，它的范围和内涵更加宽泛，是对教育规律的科学把握；从现实逻辑来看，课程思政需要从高校教师入手，加强自身思政素养、端正教风学风，从课程入手植入价值塑造、问题意识，从制度入手形成协同合力。

[关键词] 高校课程思政　历史逻辑　理论逻辑　现实逻辑

思想政治工作是学校各项工作的生命线。教育部2020年5月28日印发的《高等学校课程思政建设指导纲要》指出："培养什么人、怎样培养人、为谁培养人是教育的根本问题，立德树人成效是检验

---

[*] 吴月苹，中共济南市市中区委党校，高级讲师，硕士，研究方向为马克思主义教育。

高校一切工作的根本标准。"① 课程思政是高等教育深化综合改革的新举措，是新时代高等教育发展的理论和实践的创新。课程思政的出现和发展有其独特的历史逻辑、理论逻辑和现实逻辑。课程思政将鲜活的思政素材有机融入课堂教学的全过程，让课堂成为弘扬主旋律、传播正能量的主阵地，为国家培养担当民族复兴大任的时代新人。

一、高校课程思政的历史逻辑

高校课程思政从中华优秀文化的传承而来，又是党和国家思政工作发展的重要一环，也是新时代发展的必然要求。

（一）高校课程思政是继承和弘扬中华优秀文化传统的必然要求

高校课程思政是落实立德树人的关键课程，也是中华优秀文化传统在新时代的延续和传承。中华文化博大精深，源远流长，作为一个以伦理为核心的文化系统，在中国古代教育思想中，无论是以孔子为代表主张仁爱的儒家思想，还是主张以兼爱和非攻的墨家思想，或是主张回归自然的道家思想等，都将立德树人作为教育最本质的特征，为国家发展提供了思想源泉。同时中华优秀传统文化蕴含的价值观又与科学社会主义核心价值观高度契合，这就为高校课程思政提供了丰富多彩的文化元素，扩展和延伸了课程思政的历史范畴。

---

① 教育部关于印发《〈高等学校课程思政建设指导纲要〉的通知》（教高〔2020〕3号），中国政府网站，http：//www.gov.cn/zhengce/zhengceku/2020 - 06/06/content_5517606.htm。

（二）高校课程思政是党的优良传统和政治优势，更是新时代的新要求

在中国共产党的正确领导下，新中国成立以来，中国的高等教育始终坚持社会主义的办学方向，高校思政课建设在长期探索中积累了丰富经验，充分认识到思政工作是学校各项工作的生命线，这就为新时代高校思政课改革创新，以及高校课程思政的提出提供了根本遵循和行动指南。

党的十八大以来，中国进入了新时代，这一时代定位决定了中国的高等教育同样处于新时代这样一个新的历史定位。新时代意味着社会主要矛盾发生了重要变化，即是人民日益增长的美好生活需要和不平衡不充分的发展之间的矛盾。这样的社会主要矛盾是新时代的要求，反映到高等教育上来，不仅意味着高等教育要实现学术水平、业务能力的高质量发展，更意味着高等教育要始终坚持习近平新时代中国特色社会主义思想的根本政治方向，这就意味着高校人才培养的目标是"又红又专、德才兼备、全面发展"的为社会主义奋斗终身的有用人才，也就进一步意味着课程思政的提出是基于新时代这一独特的中国语境。

在新的时代条件下，习近平总书记关于教育的重要论述坚持以理论创新引领实践创新，开辟了理论指导实践新境界，为课程思政指明了发展方向。课程思政发展的一个重要节点是在 2016 年全国高校思想政治工作会议上，习近平总书记指出思想政治教育应用好课堂教学这个主渠道，"其他各门课都要守好一段渠、种好责任田，使各类课程与思想政治理论课同向同行，形成协同效应"[①]。正式提出

[①] 《习近平在全国高校思想政治工作会议上强调：把思想政治工作贯穿教育教学全过程 开创我国高等教育事业发展新局面》，《人民日报》2016 年 12 月 9 日。

了课程思政这一重大课题。2016 年，习近平总书记强调："用社会主义核心价值观教育学生，引导他们扣好人生的第一粒扣子，是高校思想政治工作的使命所在。"① 他进一步认为，"思想政治工作从根本上说是做人的工作，必须围绕学生、关照学生、服务学生，不断提高学生思想水平、政治觉悟、道德品质、文化素养，让学生成为德才兼备、全面发展的人才"②，这就给高校思政的发展提出了新的时代要求和发展方向。2018 年在全国教育大会上，习近平总书记从党和国家战略全局的高度强调指出："思想政治工作是学校各项工作的生命线，各级党委、各级教育主管部门、学校党组织都必须紧紧抓在手上。"③ 2018 年 5 月 3 日，习近平总书记在北京大学师生座谈会上指出："古今中外，每个国家都是按照自己的政治要求来培养人的，世界一流大学都是在服务自己国家发展中成长起来的。我国社会主义教育就是要培养社会主义建设者和接班人。"④ 这就是说，课程思政始终是要有政治责任担当的，因此要提高站位，从国家战略高度深刻认识课程思政课是为党育人为国育才的重要抓手，是为国家培养担当民族复兴大任的时代新人的重大举措。2019 年 3 月 18 日，习近平总书记在学校思想政治理论课教师座谈会上，提出了"解决好培养什么人、怎样培养人、为谁培养人这个根本问题"，这就进一步强化明确了立德树人这一高校办学的根本目的所在。2020 年 5 月 28 日，教育部印发《高等学校课程思政建设指导纲要》指出："培养什么人、怎样培养人、为谁培养人是教育的根本问题，立德树人成效是检验高校一切工作的根本标准。"正式把课程思政列入了高校综合改革的内容，使得课程思政正式从理论落实到高校教育

---

① 《习近平关于青少年和共青团工作论述摘编》，中央文献出版社 2017 年版，第 38—39 页。
② 《习近平谈治国理政》第二卷，外文出版社 2017 年版，第 377 页。
③ 《习近平在全国教育大会上强调：坚持中国特色社会主义教育发展道路 培养德智体美劳全面发展的社会主义建设者和接班人》，《人民日报》2018 年 9 月 11 日。
④ 习近平：《在北京大学师生座谈会上的讲话》，《人民日报》2018 年 5 月 3 日。

实践，构筑了课程思政的科学体系，并提出了课程思政的目标要求、内容要点、具体要求和举措。2022年4月25日，习近平总书记在中国人民大学考察调研时现场观摩了思政课教学并发表重要讲话，明确提出"思政课的本质是讲道理"，并要求思政课教师把道理讲深、讲透、讲活。习近平总书记关于思政课的这一论述，是党和国家领导人首次明确提出并论述"思政课的本质"问题，进一步深化了高校课程思政认识，对课程思政教育教学的改革发展具有指导作用。党的二十大报告进一步指出青年强，则国家强，要为时代培养承担民族复兴大任的时代新人。由此可见，课程思政是在追求经济发展、科技进步的同时补足民族的"精神之钙"，是实现中华民族伟大复兴的中国梦的重要内容。因此，新时代的新特点、新实践、新课题正是高校课程思政教育的时代着力点和新的工作特点，自觉地体现中国气派、呈现新境界，既包括对中华优秀传统文化的现代阐释，也体现了马克思主义理论在当代中国的应用，为当代青年学生提供正确的实践引领，高校课程思政正是让课堂成为弘扬时代主旋律、传播正能量的主阵地，体现了新时代的新要求。

二、高校课程思政的理论逻辑

理论是实践的先导。高校课程思政有其丰富的内涵，诠释了政治与教育的内在联系，也是教育教学规律、学生培养规律的充分体现，从政治和战略高度来看，课程思政作为"国之大者"对于时代新人培养、民族复兴和社会主义现代化强国建设具有重大意义。

（一）课程思政不同于思政课程，它的范围和内涵更加宽泛

课程思政的本质是讲道理。正如习近平总书记指出的那样："人才培养一定是育人和育才相统一的过程，而育人是本。人无德不立，育人的根本在于立德。这是人才培养的辩证法。"①高校肩负着培养德智体美劳全面发展的社会主义建设者和接班人的重要使命，是育人育才的重要阵地。坚持育人和育才的辩证统一，大学生才能真正成为担当民族复兴大任的时代新人，承担起自己的历史使命和时代责任。课程思政的提出，直击教育的本质，教育首要的问题是培养什么人的问题，这也是教育工作者的根本任务，是教育现代化的方向目标。因此，教育的本质就是达到育人的目的。课堂思政就意味着通过课堂教学，师生之间的互动过程中以教授知识的形式内嵌育人的目的，实现教授知识和传播正确价值观的统一。在教学中，没有一堂课是没有个人情感、没有价值观的教学活动，没有不带观点的教学活动，只要是在课堂上，教师就会不自觉地在传递自己的世界观、价值观，哪怕是纯粹的语言教学、满篇公式的数学都不可能。可以说育人贯穿于任何课程的任何环节和任何阶段。因此，课堂思政的提出就是拥有更为开阔的视野，将思政教育之于社会的作用延展进课堂。

（二）高校课程思政是对教育规律的科学把握

"做好高校思想政治工作，要因事而化、因时而进、因势而新。要遵循思想政治工作规律，遵循教书育人规律，遵循学生成长规律，

---

① 习近平：《在北京大学师生座谈会上的讲话》，《人民日报》2018 年 5 月 3 日。

不断提高工作能力和水平。"① 高校课程思政的根本目的在于育人。德国哲学家雅斯贝尔斯在《什么是教育》一书中说："教育就是一棵树摇动另一棵树，一朵云推动另一朵云，一个灵魂唤醒另一个灵魂。"教育就是塑造人的事业，即是化人。青少年阶段是人生的拔节孕穗期，是正确价值观形成和确立的关键时期，这也符合人才培养和发展的客观规律。不同培养和发展的资源、方式、环境、条件或机遇等因素，会导致不同的培养效果和目标，这是人才培养的普遍性规律，高校课程思政的教师资源、教学方式方法、课程设置等都会给学生价值观的塑造带来影响。因此，要教育引导好青少年扣好人生第一粒扣子。

三、高校课程思政的现实逻辑

当今时代是网络时代，大学生的成长环境发生了深刻变化，很多学生接受和认识事物的途径更加多元化，各种思想交相融合和冲突，有的高校存在着"重智育、轻德育""重书本教育、轻实践教育"等问题，往往更重视考查学生的学术水平，而忽视了学生的人格和价值观等教育。即便是重视思政教育的高校，在现实中也存在着"上头热下头冷"的问题。课堂思政的出现，意味着高校不仅要提高站位充分认识思政在高校教育中的重要性和必要性，更应该将思政教育跳出思政课堂的狭隘理解，把思政教育潜移默化到每一堂专业课的教学过程中，从而达到春风化雨、润物细无声的价值观和人生观教育，最终实现高校为社会主义培养接班人的终极育人目标。

---

① 《习近平在全国高校思想政治工作会议上强调：把思想政治工作贯穿教育教学全过程 开创我国高等教育事业发展新局面》，《人民日报》2016年12月9日。

从现实逻辑来看，课程思政同时也是高等教育体制机制改革更深层次的内容。它意味着高校人才的培养不能脱离立德树人的本质要求，要"把立德树人内化到大学建设和管理各领域、各方面、各环节，做到以树人为核心，以立德为根本"①，这就意味着学校的学科建设、教学安排、教材设计、教学管理、教师的评价激励和监督都要围绕立德树人这一根本目标的实现来进行有效的制度改革和设计。

（一）高校课程思政有机融入，课程思政需要加强高校教师自身思政素养

教育大计，教师为本，需要教育者先受教育。教人者教己，重师首在师之重。习近平总书记强调："传道者自己首先要明道、信道。高校教师要坚持教育者先受教育，努力成为先进思想文化的传播者、党执政的坚定支持者，更好担起学生健康成长指导者和引路人的责任。"② 因此，目前亟需教师主动融入思政教育，加大对高校教师的思想考核、品德考核和政治考核，着力提升高校教师自身的思政能力。价值引领是课程思政的核心，而教师的思政素养是实现价值引领的前提。因为每一门课程本身都蕴含了人文精神，教师本人展示出来的人格魅力、人文关怀、人文素养就是一种思政教育，教学中融入教师的家国情怀和正确的人生观、价值观，将赋予课堂更多的情趣，使得教学知识的内涵更加丰富。因此，就需要教师主动提升运用马克思主义世界观和方法论的能力，聚焦社会主义核心价值观这一根本内涵，将专业知识与价值追求实现有机融合。另外，学校或学院应通过讲座、会议等形式组织教师学习马克思主义基本

---

① 习近平：《在北京大学师生座谈会上的讲话》，《人民日报》2018 年 5 月 3 日。
② 《习近平在全国高校思想政治工作会议上强调：把思想政治工作贯穿教育教学全过程 开创我国高等教育事业发展新局面》，《人民日报》2016 年 12 月 9 日。

理论，紧跟党和国家的最新政策和会议精神，鼓励支持教师参与课程思政研修，有效提升教师的思政认知水平和理论素养。

（二）高校教师融入课程思政元素需要端正学风、教风

高校教师需要端正课堂树德育人的教学态度。比如教师本人是否认真对待学术、认真对待教学，是否自觉遵守课堂纪律，是否认真对待学生等，都会对教学对象产生重要影响和示范作用。在如今一个优质教育资源并不稀缺的时代，学生获取教育资源的途径越来越多，对于专业教师提出了更大的挑战。因此，作为专业教师，需要首先将自己的专业课教好，体现出专业课程的特点和优势。只有专业教得好，课程思政才会有一个有价值的思政教育载体。否则一门不合格的专业课程，无论怎样融入思政，都无法起到正向教育的作用。同时，教师个人行为对学生思想的影响、习惯的养成都会产生影响。学为人师，行为世范，教师作为课程思政的主要实施者，在课程中展现的人格形象，将对学生产生深远影响，因此教师在课程教学过程中展示的既要是客观的知识、严密的逻辑，还要在传播专业知识中做出科学理性分析和学理阐释，从而更好地展现真理的精神和真善美的价值观。在教学方法上，区分不同专业和学生的个性差异，有针对性地丰富设置课程内容和教学形式，多用学生喜闻乐见的语言和教学形式，如可以采取探究式教学法、互动式教学法、案例教学法、实践教学法等增加对学生的亲和力，用符合青年人特质的现代诠释方法来增强课程思政的黏性。

（三）高校课程思政有机融入的关键在于知识传授中植入价值塑造

如结合语言教学，讲好中华优秀文化的传承，结合现实案例，

讲好楷模故事和身边故事；结合国际形势，讲好中国故事，从而实现价值塑造、能力培养、知识传授。课程思政要坚持实事求是的融入，不能夸大其词甚至虚构编造思政元素。有的自然科学的课程思政元素较少，不好发掘，这并不意味着可以虚构和造假，必须科学合理地融入思政元素，否则将会适得其反。这就需要教师自觉扎根课程本身内在要求，从课程设置本身探求思政元素的内生动力，只要认真地挖掘，深入地思考，就会发现其课程内在蕴含的学理阐释正是马克思主义的世界观方法论的体现，就会发现其课程内在蕴含的价值观正与科学社会主义核心价值观存在高度的契合性。这也正是思政元素丰富多彩之所在。

（四）高校课程思政需要敢于直面现实，增强问题意识

问题是时代的声音，在网络时代，所谓的历史虚无主义、去意识形态化等在思想领域还广泛存在，这对思维活跃但尚不成熟的青年学生的侵蚀不言而喻。这就迫切需要高校教师对当今世界的前沿问题、当前社会的现实问题等做出精准的透视和分析。世界正处于百年未有之大变局，不确定不稳定因素越来越多，课程思政需要高校教师提高政治站位，从立德树人的角度，及时关注时政变化，紧跟时代变革，不断对各种思潮进行精确判断，加强与思政教师的交流探讨，课程常备常新，牢牢把握意识形态的主动权，凝聚社会主义意识形态的强大引领力，增强对错误思潮的辨别力与批判力，引导好课堂舆论，帮助学生把好思想关。同时，更要将正确的价值观和人生观渗透到学生日常的生活中，如教师应及时了解学生的思想变化、日常生活，及时发现纠正错误的思想认知和行为，成为学生所喜爱所认同的知心人、热心人、引路人。

（五）高校课程思政需要形成协同育人的合力

课程思政不仅仅是高校教师的事情，更是全员全过程的协同育人，它不仅仅是教师课堂和学生的关系，还包括教育管理者与教师与学生的关系，它不仅贯穿于课堂教学，更贯穿于教学活动的整个过程，还包括学校的管理机制、考评机制、人才评价机制等。做好课堂思政需要加强顶层设计，打破教育主管部门、学校、管理者、教师之间的壁垒，加大政策的支持力度，优化制度安排，完善监督评价机制，从而形成协同育人的合力。如课程思政建设需要，谋定的目标需要教育管理者统筹规划，也需要教师对课程进行细化和明确，这就需要积极动员教师的主动参与，通过政策激励和积极评价，扩大参与思政的科研和教学途径，使其发挥中坚作用。

中华民族伟大复兴中国梦的实现，归根结底要靠人才，要靠教育。党的二十大进一步明确"青年强，则国家强。当代中国青年生逢其时，施展才干的舞台无比广阔，实现梦想的前景无比光明"。青少年阶段是人生的"拔节孕穗期"，最需要精心引导和栽培，高校课堂思政的深入开展对于筑牢广大青少年的信仰之基，夯实思想之基，为新时代培育担当民族复兴大任的接班人起到关键的铸魂作用。

参考文献

［1］习近平：《在全国高校思想政治工作会议上的重要讲话》，《人民日报》2016年12月9日。

［2］习近平：《在北京大学师生座谈会上的讲话》，《人民日报》2018年5月3日。

［3］《习近平谈治国理政》第二卷，外文出版社2017年版。

［4］《习近平谈治国理政》第三卷，外文出版社2020年版。

［5］韩华：《习近平关于高校思想政治工作论述的辩证法》，《思想理论教育导刊》2019年第3期。

［6］傅瑶：《高校党建推进课程思政建设的功能、目标及路径》，《现代教育管理》2022年第7期。

高校专业日语与公共日语课程思政建设比较探索

乔 禾[*]

[摘 要] 课程思政建设是高校育人的重要环节之一，高校专业日语教学和公共日语教学都需要对课程思政融入课堂的方式进行探索。专业日语的课程思政建设应注重培养学生的人文精神，并将马克思主义世界观和方法论融入教学；公共日语的课程思政建设则更适合从弘扬中国传统文化入手，培养学生国际交流的基本素养。本文旨在通过对专业日语与公共日语课程思政建设的比较，厘清专业日语与公共日语的课程特性，找出两类课程进行思政建设时应关注的重点和采取的方式方法。

[关键词] 专业日语 公共日语 课程思政 文化自信

高校思想政治工作是高校教育的重要组成部分，是培养德智体美劳全面发展的社会主义建设者和接班人的重要途径。在2020年5月28日教育部印发的《高等学校课程思政建设指导纲要》（本文简称《纲要》）中，明确提出了"全面推进课程思政建设是落实立德树人根本任务的战略举措"以及"课程思政建设是全面提高人才培

---

* 乔禾，国际关系学院外语学院日语系讲师，博士研究生，研究方向为日本文学。

养质量的重要任务",明确了课程思政建设的重要性。课程思政建设就是将马克思主义基本原理、社会主义核心价值观、国家战略和发展规划等思想政治方面的教育全面融入到各学科的专业课程之中,增强学生的综合素质和创新能力,培养具有国际竞争力的高素质人才。如何将思政内容有机地融入专业教学,是每位高校教师必须研究和实践的重大问题。

一、高校日语专业建设与课程思政

中国高校的日语专业建设,经历了数十年的长足发展,到2012年,全国有460多所本科大学、200多所专科大学,亦即中国约2/3的大学,都设立了日本语言文化或日本语言文学专业,专业教师约9000人。[①] 再加上面向全体学生的公共大学日语,中国高校的日语教学已达到相当规模水平。不仅如此,在中学阶段选择日语作为高考外语的高中生规模也迅速增长,教育部考试中心统计数据显示:全国选择日语高考的人数2017年有16000多人,2018年有23000多人,到了2019年增加至48000多人,2020年已经突破100000人。[②] 这些高中毕业生在进入大学后,不论选择什么专业,都有继续学习日语的需求。在这种情况下,探索高校日语教学中的课程思政建设就成为了一个重要课题。

从数量上看,中国学界对于高校课程思政建设的研究已有不少成果,根据笔者在中国知网的搜索结果来看,截至2023年3月,知网中篇名包含"课程思政"的文章共40277篇,篇名包含"高校课

---

① 陈建华编:《中国外国文学研究的学术历程(第九卷)》,重庆出版社2016年版,第3页。
② 徐淑丹:《〈大学日语〉课程思政混合式教学模式构建》,《创新创业理论研究与实践》,2021年第22期,第102页。

程思政"的文章共5841篇，篇名包含"大学课程思政"的文章共3431篇。但是，篇名包含"日语课程思政"的文章只有141篇，包含"大学日语课程思政"的文章仅17篇，相对应地，篇名包含"英语课程思政"的文章共4551篇，包含"大学英语课程思政"的文章共1880篇。由此可见，相对于大学英语教学的课程思政建设研究，日语专业相关的研究还非常不足。从已有研究的内容上来看，国内学者的日语课程思政研究内容可划分为三大主题：一是基于新文科建设或新国标实施的时代背景，探讨日语专业课程思政的改革路径；二是结合具体专业课程，探索课程思政的教学模式与实践路径等；三是聚焦于近年来出版的教改著述。① 总的来看，国内学界已对日语专业课程思政建设进行了一定的研究，但总体数量还偏少。

在各高校的实际教学中，课程思政融入课堂已经成为基本共识，其重要性和必要性已经得到了广泛认同。包括日语专业在内的各类外语专业，其本质属于人文类专业，而人文类专业尤其应注意将文化自信、理想信念等正向价值观加入专业知识的传授当中。《纲要》第五条指出："文学、历史学、哲学类专业课程，要在课程教学中帮助学生掌握马克思主义世界观和方法论，从历史与现实、理论与实践等维度深刻理解习近平新时代中国特色社会主义思想。要结合专业知识教育引导学生深刻理解社会主义核心价值观，自觉弘扬中华优秀传统文化、革命文化、社会主义先进文化。"日语课程的思政建设就应遵循这一指导，广大教师应积极开展对课程思政融入日语教学的实践和研究。

要对中国高校的日语课程思政建设进行研究，就必须要先厘清高校日语课程开设的现状。从大的方面来看，中国高校日语课程的

---

① 汪帅东：《文化自信视阈下课程思政案例设计与教学实践——以"日本文学史与作品选读"课程为例》，《东北亚外语研究》2022年第3期，第6页。

开设主要分为专业日语课程和公共日语课程两部分。专业日语课程指的就是面向本科专业为日语的学生,即为日语系的学生开设的课程,从高校的院系设置来看,日语系一般归属于外国语学院或人文学院之中,依据高校学科建设的不同可以授予学士、硕士或博士学位,课程设置方面包括基础日语、高级日语、初级日语视听说、高级日语视听说、日语会话以及日本历史、日本文化、日本文学、笔译口译等多种课程。与此相对,公共日语指的是面向高校全体学生开设的通识选修课,课程名称一般为大学日语、公共日语或二外日语。这两类日语课程面对的对象不同,课程内容、课时量、知识的广度和深度也都不同,教师在开展教学时运用的教学方法也不尽相同,因此,在探讨日语课程思政建设的时候,应将这二者分开讨论,针对课程的性质、特点设计不同的课程思政实施方案。

二、专业日语课程思政建设探索
——以《日本近现代文学选读》为例

如前所述,专业日语课程的授课对象是大学日语系的本科生,其有如下几个特征:一是学生大多为日语零基础,在经过四年的系统学习后应达到日语专业水平,相应地通过日语能力测试N1级或日语专业八级;二是学生毕业后会有相当一部分从事与日语相关或与日本相关的工作;三是除语言之外还需要对日本其他各方面的情况进行了解。由此相伴随的日语专业的课程设置也有如下两个特点:一是课程划分精细,仅语言教学方面就设置有基础日语、高级日语(或统称"日语精读")、日语听力、日语会话、日语泛读等,从听说读写全方位训练学生的日语能力;二是课程涉及面广,高年级会开设日本历史、日本文化、日本文学等必修或选修课,从更广泛的角度向学生传授日本相关知识，使学生全面地了解日本。本节将以日语系专业选修课程《日本近现代文学选读》为例，探讨专业日语课程思政教学模式的构建与实践。

《日本近现代文学选读》属于日本文学方向的专业选修课，课程的基本内容是带领学生阅读日本近现代文学史上的数篇代表性作品，旨在使学生对日本近现代的重点作家作品进行直观感性认识的同时，准确地把握和理解日本近现代文学的基本特色，进而对日本整体的民族性格产生了解。本课程在各高校一般被安排在日语系大三年级，一周 2 课时，总课时量为 32 学时或 64 学时。考虑到日本近现代文学的体量较为庞大，教师在讲授过程中几乎不可能做到面面俱到，难以把这一时期的重点作家作品都涉及到。况且，一味追求全面会使课程失去重点，导致作品阅读沦为蜻蜓点水式的泛泛浏览，不利于学生把握作品的真正内涵特色。因此，对于教师而言，本课程的核心就在于如何精选要阅读的作品，带领学生将有限的篇目读深读透，并考虑如何将课程思政内容有机地融入这些篇目之中，顺畅地、无割裂感地实现课程思政进课堂的目的。

课程思政是在课程教学中挖掘"人文素养"元素，其中重要的是人文精神，即对人类生存意义和价值的关怀。事实上，每一门课程都可以成为课程思政建设的载体，只是难易程度有所区别，[1] 在这一方面，《日本近现代文学选读》有得天独厚的优势。因为这门课本质上属于人文课程，而从人文精神的角度看，日本近现代的名篇《伊豆的舞女》《我是猫》等早已成为人类文学宝库的重要组成部分，阅读这些作品对提高学生人文素养、陶冶学生艺术情操、培育其健全人格有不可忽视的重要作用。因此，本课程选取作品的第一

---

[1] 王学俭、石岩：《新时代课程思政的内涵、特点、难点及应对策略》，《新疆师范大学学报（哲学社会科学版）》2020 年第 2 期，第 52 页。

项依据，就是尽量选择能够体现日本民族美学的、富含人文精神的文学作品，以期达到《纲要》中提到的"在美育教学中提升审美素养、陶冶情操、温润心灵、激发创造创新活力"。

具体举例来说，本课程的第三课选择了川端康成的早期成名作《伊豆的舞女》。川端作为1968年诺贝尔文学奖的获得者，在世界范围内早已名声斐然，正如诺贝尔奖的颁奖词所说的那样，川端以"敏锐的感受，高超的叙事技巧，表现了日本人的精神实质"[①]。这也正是本课程从课程思政建设的"人文精神"这一关键点出发选择川端康成作品的理由。作为川端康成1927年的处女作——《伊豆的舞女》正是典型地体现了其婉转低徊的日式审美与哀愁。《伊豆的舞女》从叙事上来说并没有什么曲折复杂的故事情节，甚至可以用"平淡"来形容（川端康成的另一部名作《雪国》也有这种特点），讲述的是主人公在伊豆的旅行中与舞女一行人的交往。川端康成设置了一个与世隔绝的外部环境，小说的一切都发生在旅途之中，作者意欲展现的对于非功利的"美"的追求、对于人们无私的"爱"的追求，都生发于这一环境之中。相较于西方文学或俄国文学的现实主义传统，相较于中国文学"文以载道"的文学功用论，川端康成的小说中与现实隔绝的纯日式审美可以给学生带来不一样的"人文精神"熏陶，这种民族特色极为鲜明的作品可以使学生感性地认识到日本人独特的审美意识。

不仅如此，选择川端康成的作品还可以从中日文化交流的角度使课程思政融入课堂。在讲解川端康成的生平与影响时，其对中国作家的巨大影响是一个重要的落脚点。例如，《雪国》就曾对中国作家莫言产生过巨大冲击，莫言在自己的多篇文章中一再提及自己与川端康成《雪国》初次邂逅的经历，反复强调川端康成的《雪国》

[①] 张恩辉：《川端康成传》，时代文艺出版社2016年版，第129页。

给自己的文学创作带来的决定性影响。① 同样受到川端康成影响的作家还有余华，他在自己的随笔中这样写道："一九八二年在浙江宁波甬江江畔一座破旧公寓里，我最初读到川端康成的作品，是他的《伊豆的舞女》。那次偶尔的阅读，导致我一年之后正式开始的写作，和一直持续到一九八六年春天的对川端的忠贞不渝。"② 在讲授川端康成作品的同时为学生引出中日近现代文学的交流状况，有利于增强学生对于国家间文化交流的认识，拓宽国际视野，树立学生对于东亚共同体乃至人类命运共同体的认同。

在作品选择上，除了如上所述要注重"人文精神"之外，另外一项非常重要的依据就是前述《纲要》第五条的"要在课程教学中帮助学生掌握马克思主义世界观和方法论"。日本近现代文学中的左翼无产阶级文学正是马克思的关于无产阶级的多种理论的文学实践，本课程的第五课选择了日本左翼作家叶山嘉树的《水泥桶里的一封信》一文，旨在使学生通过阅读日本左翼文学名作对马克思的基本理论产生感性认识。《水泥桶里的一封信》描写了水泥工人松户与三在水泥厂中极端恶劣的劳动环境和极其微薄的薪水酬劳，通过水泥桶里的女工的一封信发出了工人阶级绝望的呐喊。小说将无产阶级劳动者悲惨的处境刻画得淋漓尽致，在资本家的压迫剥削下，劳动者依靠自己的劳动却难以生存下去，甚至在死后还变成资本主义社会的瓦块。小说痛斥了资本家敲骨吸髓的丑恶嘴脸，将马克思的剩余价值理论成功地进行了文学化表现，是日本左翼文学的经典，具有特殊意义。在讲解这篇文章时再搭配播放电视剧《觉醒年代》中李大钊宣讲《共产党宣言》的片段，使学生更加深刻地领会马克思"无产阶级失去的只是枷锁，而得到的将是整个世界"的伟大宣言。

---

① 康林：《莫言与川端康成——以小说〈白狗秋千架〉和〈雪国〉为中心》，《中国比较文学》2011 年第 3 期，第 131 页。

② 余华：《我能否相信自己》，人民日报出版社 1998 年版，第 91 页。

总结来说，包括《日本近现代文学选读》在内的专业日语课程，面向的是有专业学习需求的日语系学生，这些学生将来必然有一定数量的人要从事与日本相关的工作或研究，因此，对于专业日语课程思政的建设，就必须要注重在更深的专业深度上将专业知识教学与课程思政内容绑定。以本节所举的文学选读课程为例，就是既要向学生介绍日本的民族美学与人文精神，让他们在学习语言的基础上深刻认识日本人的民族性格，又要注重将马克思主义世界观和方法论融入课程之中，使学生站稳马克思主义立场和中国立场，以在将来的相关工作中发挥自身优势，更好地致力于平等互利的国际间交往。

三、公共日语课程思政建设探索
——以《大学日语初级（上）》为例

前文已经提到，高校的日语课程教学除了专业日语外，还包括面向全体本科生的通识日语选修，即公共日语或二外日语。开设公共日语课程主要分为两种情况：一是为了提升学生的国际视野，扩展学习维度而设置的选修课程；二是为了满足高考日语生的学习需求而开设的公共日语课程。接受公共日语学习的学生与日语系的学生不同，他们本身有自己的专业，毕业后也不一定从事与日本相关的工作，他们选择进行日语学习纯粹地出于兴趣或是多掌握一门语言工具的目的。但是，对于通识选修课程而言，课程思政的建设同样重要，高德毅等指出："高校通识教育要有灵魂，要成为培育和践行社会主义核心价值观的重要课堂，其使命就是在潜移默化中加强理想信念教育。"① 通识选修课程与专业课程性质的不同，决定了我们必须"因课制宜"地去探索与专业日语相区别的公共日语课程思政建设路径。

公共日语课程的第一个特点就是课时量少，一周只有 2—4 学时，仅有的课堂时间只能全部聚焦于语言教学之上，很少能有多余的时间去对日本历史、文化、文学等扩展性的、深层次的内容进行教学。以本校通识选修课《大学日语初级（上）》为例，该课程由学校教务处开设，日语系教师担任教学，教学对象为全体本科生，课堂容量为 30 人，课时量共计 60 学时，采用的教材为《新版中日交流标准日本语》。具体实践表明，选修这门课的学生以大二和大三年级为主，日语基础基本都为零，需要从最基础的五十音图讲起。如此一来，仅有的 60 学时大约只能教授完教材初级上册的一半内容左右，这就要求教师在教学中必须想方设法使语言教学能链接得上课程思政的内容，在寻找语言与课程思政的关系上下功夫。

《纲要》在明确课程思政建设目标要求和内容重点中强调，要"加强中华优秀传统文化教育"，"教育引导学生传承中华文脉，富有中国心、饱含中国情、充满中国味"。在课程的最初阶段，学生们最感兴趣的就是为何日语中会有大量的汉字出现，讲解日语文字的来源也是重点教学任务之一。在这一部分的内容中，教师可以从传承弘扬中华传统文化的角度出发，以中国古代文化对日本的影响为着手点，实现语言教学与课程思政的融合。例如，讲解汉字传入日本的历史时，就需要把重点放在隋唐时代日本派遣大量遣隋使和遣唐使来中国学习先进文化的历史上，让学生了解汉语在汉字文化圈中的巨大影响力，以此树立学生的大国意识和传统文化自信。接下

---

① 高德毅、宗爱东：《从思政课程到课程思政：从战略高度构建高校思想政治教育课程体系》，《中国高等教育》2017 年第 1 期，第 45 页。

来，在五十音图的教学中，也含有可以利用的课程思政元素，例如，五十音图中的平假名和片假名都是以汉字为基础创造而来的，平假名源自汉字草书，而片假名则源自楷书的偏旁部首。如此一来，便从语言学习的最基础阶段就开始了思政元素的融入，教师通过上述讲授有力地阐明了中国文化对于日本文字形成的影响。由此可以引导学生积极弘扬中华优秀传统文化，提升民族自信心和自豪感。

费孝通先生曾提出"各美其美，美人之美，美美与共，天下大同"这一处理不同文化关系时的十六字箴言，这一理念在中日之间的文化交流中也是适用的。刚才提到教师可以把中华传统文化对日本文化的影响作为课程思政的元素融入语言教学中，在此基础上适当拓展延伸后，教师还可以以近代日本新造汉字词的传入为例，从另一个侧面证明国际间文化交流"美美与共"的关系。近代以降，曾有大量日本新造的汉字词汇从日本回传至中国，如我们熟悉的"自由""革命""哲学"等词语都是如此，汉语在接受这些词汇后也完善了自身，得到了新的发展。从这一点我们可以向学生证明，文化的交往是一个双向流淌、互相影响的过程，日语文字的本源来自中国，经过发展演变后又反哺汉语，两国文化都向外传导了自己的优势与能力，两国人民也都乐于接受对方有借鉴价值的文化部分，这便是"美美与共，天下大同"。

总的来说，公共日语课程涉及的知识广度不像专业日语课程那么广泛，基本局限在语言一方面，深度上也不及专业课程，所以担任公共日语教学的教师如果试图在很深的专业层次上去融合课程思政反而会事倍功半。公共日语的课程思政建设应将重点放在对中华传统文化的弘扬上，放在传播正确的文化交流的价值观念上。教师应引导学生正确理解中日关系，用辩证发展的眼光看待中日关系，以点带面地将课程思政融入课堂，教导学生理性认识国际关系，正确树立自我意识与他者意识，更好地进行国际间交流。

结　语

综上所述，专业日语课程思政建设与公共日语课程思政建设是两个不同的课题，应予以区分。专业日语的课程思政建设应从更深入和细分的方向上着手，将重点放在更深层次的审美锻炼和人文精神熏陶上，使学生深入切实地把握日本民族最根本的特性与美学理念，让学生在对日本有透彻认识的同时，也增强自身的审美水平，真正做到课程思政"以美育人、以美化人"的目标。与此同时，也要注重将马克思主义世界观和方法论融入专业课堂，使学生在将来的工作研究中坚定马克思主义立场，发挥自身优势。与此相对的，公共日语的课程思政建设则应将重心放在弘扬中华传统文化和促进文化间交流上，培养学生国际交流的基本素养。可以看出，虽然在具体实施方法和细分环节上有所不同，但专业日语与公共日语在课程思政建设上的共同点都在于要引导学生坚定中国立场，正确认识不同民族间的关系，帮助学生塑造正确的世界观、人生观、价值观，这也是所有专业的课程思政建设的最根本要求。

参考文献

[1] 陈建华编：《中国外国文学研究的学术历程（第九卷）》，重庆出版社2016年版。

[2] 徐淑丹：《〈大学日语〉课程思政混合式教学模式构建》，《创新创业理论研究与实践》2021年第22期。

[3] 汪帅东：《文化自信视阈下课程思政案例设计与教学实践——以"日本文学史与作品选读"课程为例》，《东北亚外语研究》2022年第3期。

[4] 王学俭、石岩：《新时代课程思政的内涵、特点、难点及应对策略》，《新疆师

范大学学报（哲学社会科学版）》2020年第2期。

［5］张恩辉：《川端康成传》，时代文艺出版社2016年版。

［6］康林：《莫言与川端康成——以小说〈白狗秋千架〉和〈雪国〉为中心》，《中国比较文学》2011年第3期。

［7］余华：《我能否相信自己》，人民日报出版社1998年版。

［8］高德毅、宗爱东：《从思政课程到课程思政：从战略高度构建高校思想政治教育课程体系》，《中国高等教育》2017年第1期。

基础日语课程思政建设

基础日语课程教学中的思政建设研究

王 禹[*]

[摘 要] 探讨如何将思政教育融入基础日语课程教学具有重要意义。教师需要深刻理解基础日语课程思政建设的必要性和紧迫性。从提高认识、科学规划、精心选材等角度探索切实改进思政教育融入高校基础日语教学的方法和途径。有效的方法和途径包括切实提高教师基础日语课程思政建设能力；解决基础日语课程思政建设面对的具体问题，要有科学的规划；要以教材内容为依托，充分挖掘思政元素，优化教材内容，补其不足。

[关键词] 课程思政 基础日语 日语教学

教育部在《高等学校课程思政建设指导纲要》中明确指出："专业课程是课程思政建设的基本载体。要深入梳理专业课教学内容，结合不同课程特点、思维方法和价值理念，深入挖掘课程思政元素，有机融入课程教学，达到润物无声的育人效果。"[①] 从既往的高校基础日语课程思政建设实践来看，虽然很多教师已经取得了一定的成绩，但依然有些问题尚待解决，比如课程结合点不甚科学、

---

[*] 王禹，国际关系学院外语学院日语系副教授，研究方向为日语翻译、日本文学、日语教育。
[①] 教育部：《高等学校课程思政建设指导纲要》（教高〔2020〕3号），2020年5月28日，中国政府网站，http://www.moe.gov.cn/srcsite/A08/s7056/202006/t20200603_462437.html。

学生课程学习体验欠佳、学习效果不理想等，高校的基础日语课程思政建设仍需完善。

梳理文献，笔者发现有关基础日语课程思政建设的相关研究数量虽然不多，但已有一些学者就此进行了实践与总结。例如，洪洁和陈琳在《高等院校日语专业〈基础日语〉课程思政教学研究》中强调基础日语教学内容应充分体现课程的基础特色，以中日两国的文化交流贯穿始终，以加强中华优秀传统文化教育、培养学生家国情怀和国际视野为育人目标。李瀛在《OBE教学理念下思想教育融入专业日语教学的改革与创新——以〈基础日语〉为例》中基于成果导向的教学理念，探索了思想教育融入专业日语教学的途径与方法。杨阳在《课程思政背景下基础日语教学设计》中从政治认同、意志品质、校风校训等角度深入挖掘了思政教育素材。

综上所述，虽然一些学者已经就基础日语课程思政的实现途径等内容进行了探讨，但是对导致高校基础日语教学思政教育薄弱现状的原因分析尚显不足，本文将以高校基础日语教学为切入点，充分探讨基础日语课程思政建设的必要性和紧迫性，在综合分析原因的基础上，探索思政教育融入高校基础日语教学的方法和途径，以期有效用好课堂教学主渠道，将思政教育润物无声地融入基础日语教学，在教学过程中发挥外语教学协同育人的作用，满足学生成长发展需求和期待。

一、基础日语课程思政建设的必要性和紧迫性

基础日语课程是面向高校日语专业学生开设的基础必修主干课程，课程目标是系统传授语音、语法、词汇、句型等日语语言基础知识，引导学生掌握听、说、读、写、译基本技能，提高其日语综

合能力。课程通过大量以学生为主体的练习培养其逻辑思维能力与跨文化交际能力，使其习得正确的学习方法。

高校日语专业教学原本侧重于日语专业知识以及日本相关文化知识的传授，基本遵循着将日本文化传入中国这一方向进行教学，因此导致一些学生有能力对日本文化侃侃而谈，而对中华优秀传统文化却知之甚少。为了补偏救弊，必须有效利用课堂教学这一主阵地，在引导学生理解世界文化的同时，将思政元素融入课堂，弘扬中华优秀文脉。基础日语授课教师有必要在帮助学生了解中日文化异同的过程中，讲好中国故事，传播好中国声音，使学生增强自己的民族自豪感和文化自信，以此实现日语教学全方位铸魂育人。

在基础日语教学过程中亟待厚植爱国主义情怀，引导学生站稳意识形态阵地，辩证看待中日两国之间社会制度、生产方式、思想文化等方面的异同。必须精心选用听、说、读、写、译的相关素材，把思政元素有机融入其中，通过课堂教学与大量的教学实践练习，使学生在掌握日语基础知识和基本技能、打好坚实的语言基本功的同时提高思想站位。基础日语的课程性质决定了内容教学与课程思政建设深度融合具有可行性，基础日语课程迫切需要在提高学生日语专业素养的同时，提升其思政素养，有效破解思政教育难以融入教学的难题。

二、高校基础日语教学未能深度融合思政元素的原因

深入分析高校基础日语教学未能深度融合思政元素的原因，可以总结出以下几点。

首先是对推动基础日语教学深度融合思政元素的紧迫性认识不够。近年来高校在推动思政元素融入教学方面有一定进展，进行了

相关的会议学习、文件传达、培训教育，但思政建设的效果需要进一步提高。教书育人需要协同作战，高校的课程思政建设应该是全体教师不容推卸的责任。

其次是对基础日语教学深度融合思政元素的规划不周。从规划的角度进行反思可以发现，基础日语课程目标设置中的思政元素偏少，既往的专业课程目标致力于培养学生的语言能力，对思政元素不够重视，在课程目标设置和教学大纲编写中未纳入思政元素，或者虽然纳入但流于形式、不科学精准；教学计划编制不细，只笼统地提出要求学生在掌握日语常用词汇、基本句型及语法的基础上，能够在自我介绍、邀约、购物、旅行、就医等具体场景中运用语言知识表达自己的观点和想法，并未对具体教学环节、教学章节深度融合思政元素做出明确规定；教学内容统筹力度不够，并未将思政元素与专业课程内容统筹安排，致使思政教育与专业内容整合性不高，合力不强，效果不佳，仍未形成一套完整成熟、动态优化的专业课程思政教学体系。

最后是基础日语教学深度融合思政元素的相关选材不精。学习材料是基础日语教学的营养源泉，选什么样的授课材料直接影响到未来培养出何种人才。当前基础日语专业教学选材主要存在一些知识结构不平衡问题：一是专业知识偏多，素质知识偏少。比如假名的发音和书写、单词朗读、音调练习、遣词造句、基本会话等专业知识内容占据了教学的绝大部分内容，而没有在知识传授、能力培养的过程中融入引导价值观形成的相关元素，因而无法高效地利用课堂影响学生的价值塑造。二是日本知识偏多，中国知识偏少。比如以前基础日语教学在培养学生的跨文化交际意识过程中，没有将母语文化中的相应内容深度融入日语教学，而是将绝大多数精力放在引导学生掌握日语语言技能、了解日本文化知识和日本国情知识上。三是就事论事多，拓展延伸少。比如在按照课程设置讲授自我介绍，初次交谈，介绍家人情况，介绍同学、宿舍情况，谈及一日生活，谈及兴趣爱好，谈及外出、旅行，谈及购物、礼物、观光旅游等内容时，只是依托教材完成教学任务，对基础日语课程的广度和深度拓展不足，从国家意识、国际视野及文化、历史等角度在具体事例语境中有机融入思政元素的力度尚显不足。

综上所述，只有深入了解基础日语教学现状并剖析其未能深度融合思政元素的原因，才能有效提升基础日语课程的知识性、时代性。

三、思政元素融入高校基础日语教学的方法和途径

如何才能润物无声地在基础日语教学中有机融合思政元素？笔者认为切实改进思政教育融入高校基础日语教学的方法和途径如下：

首先是要切实提高教师基础日语课程思政建设能力。教师需要将思政建设工作纳入重要工作内容之中，坚持经常参与相关培训讲座，积极学习先进经验，提高思想站位，有针对性地解决课程思政建设过程中遇到的突出问题。其实，思政教育融入基础日语课程具有天然优势，一方面中日两国悠远深厚的历史渊源为挖掘思政教育的素材提供了丰富的土壤，另一方面作为基础必修课程，授课教师与学生见面极其频繁，对学生影响最为直接，这有利于课程思政建设。在师生共建良性互动的课堂环境并教学相长、协同进行课题研究的过程中，教师将思政元素有机融入学业教育，对学生的学业和实际需要进行具体性的指导，将带动学生树立良好的学风，培养精益求精、坚持诚信的专业精神。教师提高认识，在教学过程中承担育人责任，帮助学生在学习专业知识技能的同时，塑造正确的世界观、人生观和价值观，是高校基础日语课程思政建设的重要途径

之一。

其次是解决基础日语课程思政建设面对的具体问题，要有科学的规划。构建高水平人才培养体系需要统筹设置基础日语课程思政教学体系；科学设定教学目标，以培养厚植爱国主义情怀、思想素质和日语专业素质都过硬的高端人才；细化优化思政元素纳入基础日语教学课程规划方案，针对思政教育纳入具体教学环节、教学章节做出明确规定。在基础日语课程设置、教学大纲核准和教案评价过程中有意识地考查课程体系中思政元素的融合程度，在教材编审选用、教案课件编写等方面加入思政视角，在课堂授课、过程性考评及期末考试等环节强化思政意识，积极进行基础日语课程思政建设。

最后是要以教材内容为依托，充分挖掘思政元素。优化教材内容，补其不足：一是需要注意基础日语专业内容与思政内容保持平衡，设置一些涉及中国传统文化、社会主义核心价值观的内容。基础日语中关于日本人日常生活的场景涉及许多日本文化，这为实现课程思政提供了得天独厚的基础条件。教师可以带领学生深入挖掘教材，进行中日文化比较，在学习日本文化的同时了解中国传统文化，以文化促进学生对语言的认知与学习，形成辩证思维习惯。在解读日语的语言和文化相关知识的同时，引导学生关注与中国的相关内容，从而润物细无声地实现基础日语专业内容教育与思政教育的融合。二是需要注意日本知识与中国知识内容权重的平衡。改变基础日语教学中日本知识多、中国知识少的情况。中日两国自古以来不断在政治、经济、文化等各个领域进行着广泛而深入的交流，教师可以站位于中日交流这一大背景下进行语言教学，在讲授日语基础知识的同时，增加相应的中国知识。例如，在语音学习阶段讲解日本平假名和片假名来源于汉字草书和偏旁部首后，可以举例介绍汉字作为文化传播的媒介，为日本人所吸收，日语中的常用汉字大多来源于汉语。也可以在讲授汉语词汇对日语词汇的发展具有深远影响后，介绍日本从中国借鉴的大量词汇，以及根据汉语的造词规律创造的"和制汉语"词汇，引导学生思考这些在近现代汉语从日语借入词汇的过程中起到何种作用。同时，也可以引导学生关注现实，了解随着中国改革开放和中日两国交流日益频繁，具体有哪些日语词汇融入了现代汉语。在日语语言教学过程中，重视日本知识与中国知识的平衡，培养学生大国文化包容心态，在日语学习过程中始终以开放与接纳的广阔视角，以爱国主义情怀去辨别、吸收和学习新知识，从而提高学生的民族自豪感和文化自信。三是需要注重具体讲授与拓展延伸平衡。在基础日语教学中有机融入思政元素，通过拓展延伸增强民族自豪感，激发学生求知欲，激励其发奋学习、积极向上。例如，在讲授奥林匹克运动会这一词汇时，不局限于课本知识，而是让学生拓展了解东京奥林匹克运动会和北京奥林匹克运动会举办年份、开闭幕式、奥林匹克运动会的口号、理念、吉祥物以及志愿者的难忘记忆等相关信息，让学生用日语来表述这些内容，掌握相关话题交流的技巧，在了解日本的同时讲好中国故事，充分彰显中国国力增强、世界地位提高的大国风范。

结　语

在基础日语教学源头上把课程思政体系嵌入教材、带进课堂，引导从零起点学习日语的学生掌握正确的立场、观点、方法，可以使其坚定理想信念并对中华民族伟大复兴充满信心。

探索并尝试将课程思政元素融入基础日语专业课教学过程中必然会遇到诸多困难，教师需要在教学过程中不断提高自身的思想站位，认真分析导致高校基础日语教学思政教育薄弱现状的原因，以过硬的专业素质，与时俱进地灵活采用先进的教学手段，充分发挥课堂的育人主渠道作用，从提高认识、科学规划、精心选材等角度探索切实改进思政教育融入高校基础日语教学的方法和途径。教师在传授日语语言知识的过程中，要有意识地采用润物细无声的方式进行思政教育，传播和弘扬优秀中华文化，增强学生的民族自豪感和文化自信，引导学生主动将中日文化进行对比，理性看待中日文化间的差异。强化基础口语教学的课程思政设置，可以培养学生在掌握日语专业必备知识技能的基础上，既了解日本的时政与历史文化，又能用日语传播好中国声音，使学生成为信仰自信、文化自觉的优秀人才。

参考文献

［1］洪洁、陈琳：《高等院校日语专业〈基础日语〉课程思政教学研究》，《语言与文化研究》2022年第4期。

［2］李瀛：《OBE教学理念下思想教育融入专业日语教学的改革与创新——以〈基础日语〉为例》，《辽宁省交通高等专科学校学报》2021年第5期。

［3］杨阳：《课程思政背景下基础日语教学设计》，《科教文汇》2021年第4期。

［4］赵冬茜、修刚：《三位一体的高校日语专业人才培养路径——外语类专业〈教学质量国家标准〉〈日语教学指南〉〈日语教学大纲〉的制定》，《西安外国语大学学报》2022年第1期。

［5］赵辉辉：《课程思政在高校外语教学中的实现途径》，《中国高等教育》2021年第22期。

［6］赵冬茜：《〈普通高等学校本科外国语言文学类专业教学指南〉视域下日语专业核心课程设置研究》，《外语研究》2021年第6期。

［7］尤芳舟：《新文科背景下日语课程思政建设的思考》，《外语学刊》2021年第6期。

［8］杨丹：《混合式教学模式下〈基础日语〉课程思政的内在机理和实践路径》，《中国多媒体与网络教学学报》2021年第5期。

[9] 肖玥瑢:《高校外语专业课程思政的探索实践》,《中国高等教育》2020 年第 23 期。

[10] 许宗华:《〈普通高等学校本科日语专业教学指南〉解读》,《外语学刊》2020 年第 5 期。

基础日语课程思政元素的探索

纪晓晶[*]

[摘 要] 课程思政是当下教学改革的热点，也顺应了思政育人的新时代号召。本文以基础日语课程为例，尝试挖掘基础日语中的思政元素，从家国情怀、文化自信和社会责任三个角度，探索基础日语课程中实施课程思政的有效途径，以促进日语语言知识与思政教育的有机融合，实现立德树人的教育目标。

[关键词] 基础日语 思政元素 家国情怀 文化自信 社会责任

课堂是高校教育的主渠道，课堂教学是教书育人的主要途径。新时代的课堂教学承载着知识传授和价值引领的双重作用，课程思政就是要挖掘各门课程自身所蕴含的思想政治教育元素，并将其融入课堂教学中。就目前的大学日语教育而言，将思政元素与日语课程有机融合，在向学生传授语言知识的同时培养学生的人生观、价值观和爱国情怀，才能使学生成为能够担当民族复兴大任的时代新人。

高校日语专业的课程思政改革顺应了思政育人的新时代号召。

---

* 纪晓晶，国际关系学院外语学院日语系副教授，博士，研究方向为汉日词汇对比。

如何让学生在接受、理解日本文化的同时，坚持社会主义文化自信，用日语讲好中国故事，逐渐成为高校日语专业新的研究课题。日语专业教材以介绍日本的语言文化、风土人情为主，涉及中国文化的内容较少，导致日语教学中外来文化和中国文化的比例失调。长此以往，这种单向的日本文化输入会降低学生对中国文化的认同感，不利于学生形成正确的人生观和价值观。因此，在基础日语课程中融入课程思政元素和中国文化的相关内容非常必要，这样能够使学生在了解中日文化差异的过程中增强本国文化意识，在中日文化的碰撞中增强民族自豪感和文化自信。

一、基础日语的教学目标和思政元素

（一）教学目标

2020年，教育部高等学校外国语言文学类专业教学指导委员会公布了《普通高等学校本科外国语言文学类专业教学指南》（本文简称《教学指南》），并明确指出外语类各专业点应在《教学指南》指导下，坚持内涵发展、多元发展和创新发展，培养具备家国情怀、国际视野、沟通能力和人文素养的复合型外语人才。

按照《教学指南》的相关要求，日语教学要以培养思想和专业双项素质都过硬的人才为教学目标，要培养既具有较高思想政治水平又具备较强语言交际能力的高素质人才。日语专业的学生除了必须掌握日语语言技能、了解日本文化和基本国情外，还应该具备跨文化交际的能力，要具备爱国主义精神，要熟悉中国语言文化、传播中国好声音、讲好中国故事。

因此，在对母语和外语的双重要求下，必须要将母语文化融入课堂教学中，在传授语言知识、培养跨文化交际意识的过程中，对学生潜移默化地进行思政教育。在日语教学中要始终坚持"以我为主、为我所用"的立场，要把中国文化学习和中日文化交流作为思政元素，在学习日语知识和体验日本文化的过程中，引导学生传承中华文化，帮助学生理性地看待中日文化差异，深刻理解中国传统文化的内涵，培养学生对中国文化的认同感，坚定家国情怀、文化自信和社会责任感。

（二）思政元素

《基础日语》是从大一第一学期开始开设的日语专业基础阶段主干课程，它从语音出发，到句子、段落、文章，该课程旨在系统地传授日语语言基础知识，提高学生的实际运用能力，并逐步培养学生的日语综合能力。这门课程一般会贯穿日语专业低年级各阶段，课程学时较多，师生交流频率很高，有利于课程思政的实施。如果将日语知识作为显性教育，那么对学生的思想品德和政治教育就是隐性教育。在教学过程中，教师应该将显性教育和隐性教育有机地结合在一起，明确"以我为主、为我所用"的教学立场，科学地挖掘教学内容的思政元素。

基于课程思政理念，本文从"知识目标、思政元素与价值目标"三个层面构建基础日语主要教学内容的思政目标。知识目标主要包括理解文本的背景知识和文化内涵，了解中日之间的差异；思政元素指与教学内容相关的中国国情、风土人文和传统文化；价值目标是对教学内容进行分析、价值判断的标准，主要包括家国情怀、文化自信和社会责任。本文以基础日语初级阶段教材中最基础、最常见的12个教学内容（见表1）为例，挖掘了与课程内容相关的思政元素和价值目标。

表1　基础日语课程思政元素

教学内容	知识目标	思政元素	价值目标
家族	日本的家庭伦理	中国的孝道	家国情怀
节日	日本的传统节日	中国的传统节日	家国情怀
故乡	日本的故乡文化	中国的故乡文化	家国情怀
旅行	日本的名胜古迹	中国的名胜古迹	家国情怀
日本料理	日本的饮食文化	中国的饮食文化	文化自信
日本文字	日本的汉字文化	中国的汉字文化	文化自信
茶道	日本的茶文化	中国的茶文化	文化自信
和服	日本的和服	中国的服饰文化	文化自信
神社	日本的宗教文化	中国的宗教文化	文化自信
环境	日本的环境保护	中国的环境保护	社会责任
协作	日本人的集团意识	中国的集体文化	社会责任
就业	日本人的就业倾向	中国的就业情况	社会责任

课程思政元素的探索是需要时间和精力的。教师必须在课前深入阅读和分析教材的文本，挖掘文本中的思政元素，重新整合教学内容。教师在探索课程思政元素的同时，还应该积极调整授课视角，完善每一个教学内容的知识目标与价值目标，构建知识和育人的双重框架。教师在传授日语知识的同时，应不断提升自己的政治素养，增强课程思政意识，丰富课程思政内容，培养学生的民族自信心和自豪感，帮助学生树立正确的人生观和价值观。

二、基础日语中的家国情怀

家是最小国，国是千万家，每个人的生命体验都与家国紧紧相连。所谓"家国情怀"是主体对共同体的一种认同，并促使其发展的思想和理念。其基本内涵包括家国同构、共同体意识和仁爱之情；

其实现路径强调个人修身、重视亲情、心怀天下。它既与行孝尽忠、民族精神、爱国主义、乡土观念、天下为公等传统文化有重要联系，又是对这些传统文化的超越。家国情怀是中国优秀传统文化的基本内涵之一。随着时间的推移，这种优秀的文化传统在社会建设、国家统一、增强民族凝聚力、建设幸福家庭、提高公民意识等方面都有重要的时代价值。

在基础日语课程中，我们应该借助具体事例，培养学生的家国情怀。例如，基础日语课程中经常出现"家族"这一主题。该知识点主要介绍身边事物及人物关系等的表达方式，还会涉及日本的少子化和小家庭等社会现状。该知识点可以通过对日本少子化、养老困境等社会问题的介绍，引导学生反观和思考中国的孝道，加深学生对社会主义核心价值观中的"富强、民主、文明、和谐"这一国家层面价值目标的理解。另外，在基础日语中还有讲解故乡发展的文章。在课前，教师可以预先让学生收集改革开放后中国取得的相关成果，并选取一些与自身成长相关的事例。在课堂教学过程中，可以通过小组讨论的方式让学生讲解自己家乡发生的变化，以及社会的发展和变迁，让学生切实感受到中国改革开放所取得的硕果、感受家乡日新月异的变化。通过对乡土文化的认识和理解，可以增强学生的爱国主义和民族意识。

此外，用熟知的中国文化解读日本的语言和文化现象，有助于实现日语专业知识与思政教育的融合。以日本节日为例，"春分"和"秋分"在中国是二十四节气中的两个节气，是太阳直射赤道的日子，"春分"表示春天的开始，"秋分"表示秋天的开始。而日本节日中的"春分"和"秋分"就是从中国传入的，分别表示欢庆春天的播种和秋天的丰收，这两个节日反映了日本传统的农作社会习俗。这样的例子比比皆是，说明了中国文化对日本文化的深远影响，中国传统文化强大的渗透力、传播力和影响力，通过反观中国文化可以提升文化自觉与自信，增强爱国主义和家国情怀，从而实现课程思政的教育目的。

三、基础日语中的文化自信

　　文化自信是一个民族、一个国家以及一个政党对自身文化价值的充分肯定和积极践行，并对其文化的生命力持有的坚定信心。党的十八大以来，习近平总书记在多个场合谈到中国传统文化，表达了自己对传统文化、传统思想价值体系的认同与尊崇。2015年5月4日，习近平总书记与北京大学学子座谈时也多次提到社会主义核心价值观和文化自信。

　　在基础日语课程中，教师应该积极引导学生了解中国的优秀传统文化，增强学生的文化自信。例如，在基础日语入门阶段讲解五十音图时，除了讲授假名的读音和写法，还可以向学生介绍日本文字的由来。日本上古时代有语言却没有文字，随着遣隋使、遣唐使和商人将大量中国典籍、佛经带入日本，日本人在模仿汉字草书的书写基础上创造了平假名，又借鉴汉字楷书的偏旁部首发明了片假名，从而慢慢有了自己的文字。除此之外，日本人还原封不动地使用了大量中国汉字，日语的常用汉字将近3000个，其中95%以上都是中国汉字。汉语的古汉音、唐音、吴语和闽语对日语的发音也有着深远的影响。也就是说，日本人日常使用的汉字、平假名、片假名均与汉语有着深厚的渊源。日本文字的发展恰好证明了汉字的科学性、艺术性、历史性、民族性和国际性，也展现了中华民族先进文化的包容性和生命力。在基础日语入门阶段讲授上述内容，学生了解了这样的文化背景之后，对于加强文化自信和民族自豪感有着正面推动作用。

再如，在讲授"茶道"这一知识点时，教师不仅要介绍课本上关于日本茶道的内容，还要查阅中国茶文化的相关知识。中国是茶文化的发源地，也是茶的起源地，日本引进中国茶文化后，在它的基础上融入了本土文化，形成了严格的仪式，这就是日本茶道。追根溯源，日本茶道的内容与礼法无一不深受中国传统文化儒、道、释思想的影响。明确这一点，有助于帮助学生理解日本茶道的思想起源，能引导学生传承中华文化，增强文化认同和文化自信。

类似的文化比较还有很多，如中日饮食文化比较、中日餐桌礼仪比较、中日服饰文化比较等等。通过介绍日本文化，一方面能够使学生精确掌握日语语言和文化，另一方面也让学生重新理解、认知中国文化。通过文化比较，可以让学生感受中国传统文化的无限魅力和强大的影响力，进而教导他们认同中国文化，提升弘扬中华民族优秀传统文化的自觉性。在对外交流时，抵御外来意识形态的冲击，增强文化认同和文化自信才能展现优良的跨文化交际风采。

四、基础日语中的社会责任

社会责任是指一个组织或个人对社会应负的责任。一个组织应以一种有利于社会的方式进行经营和管理。社会责任通常是指组织和个人承担的高于自己目标的社会义务，它超越了法律与经济所要求的义务，是管理道德的要求。具备社会责任感的公民，应该维护国家统一和民族团结，遵守宪法和法律，爱护公共财产，遵守劳动纪律，遵守公共秩序，尊重社会公德。

在基础日语课程中，教师应该借助具体事例，培养学生的社会责任感。例如，基础日语课程中经常出现环境主题，可以结合习近平总书记提出的"绿水青山就是金山银山"的生态文明思想，组织学生探讨人与自然的关系以及如何依靠科技促进人与自然的协调发展，帮助学生增强生态意识、环保意识、节约意识。可以重点介绍环境污染对动植物和人类生活带来的危害和影响，可将"生态文明"确定为该课思政元素，以此作为专业教学融合思政教育的切入点，帮助学生了解中国在生态文明建设方面取得的重大进展与辉煌成就，引导学生充分了解中国为推进全球环境治理和推动全球可持续发展做出的积极贡献，深入认识努力建设人与自然和谐共生的现代化、共同构建人与自然生命共同体的重要意义。

此外，在讲授就业这一主题时，课本内容主要包括日本大学生的就业现状以及日本求职的流程等。教师在教学设计时，不仅要以知识传授为中心，还要从大国担当和社会责任方面挖掘思政元素。习近平总书记在考察时强调"要进一步挖掘岗位资源，做实做细就业指导服务"，勉励大学生"保持平实之心，客观看待个人条件和社会需求，从实际出发选择职业和工作岗位"。习近平总书记的指示明确了政府和社会各方面在支持大学生就业上的责任，为大学生树立正确的择业观、就业观指明了方向。我们要引导学生树立正确的就业观和择业观，以平等的眼光看待各种职业，尊重劳动，尊重劳动者，培养他们爱岗敬业、勇于奉献的职业精神，以实际行动践行社会主义核心价值观。

当代青年是与新时代同向同行、共同前进的一代，生逢盛世，肩负重任，因此培养具备社会责任感的新时代青年的任务就显得尤为重要。在生活中遵纪守法、尊重社会公德，在工作岗位上勤勤恳恳、实现职业价值，这就是对国家、对社会的有益贡献。增强学生的社会责任感，才能帮助他们在时代大潮中找到自己的坐标，在不懈奋斗中尽到自己的责任。

结 语

在新时代背景下，高校日语专业教学课程思政改革势在必行。大学日语教师作为日语课程思政建设的主体，应抓住这一教学改革契机，积极主动适应新时代高等学校教育发展的新形势、新挑战、新要求。目前国际、国内政治经济形势不断变化，需要教师在传授专业知识的同时，及时对学生进行价值观引导，让学生深刻理解知识背后的价值理念，帮助学生树立正确的世界观、人生观、价值观，并坚定家国情怀、文化自信和社会责任感。

教师在不断提升自己的专业知识、增强自己的思想觉悟的基础上，要不断提升自身课程思政能力，利用外语课程的跨文化交际、跨文化比较的学科优势，合理设计课程思政内容，优化评价模式，努力把中国文化和日本文化巧妙地融入日语专业课程的教学中。在今后的日语专业课堂上，要让学生了解中国的光辉历史和优秀的传统文化，进而增强学生的民族自豪感和文化自信心，加深学生的爱国情怀，提升学生的人文素养。通过思政元素的渗透，达到立德树人的教育目标，为建设新时代中国特色社会主义伟大事业输送优秀的外语人才。

参考文献

[1] 陈新仁：《全球化语境下的外语教育与民族认同》，高等教育出版社 2008 年版。

[2] 赵华敏、林洪：《教学理念的变迁对中国大学日语教育的影响》，《日语学习与研究》2011 年第 4 期。

［3］《习近平在全国高校思想政治工作会议上强调：把思想政治工作贯穿教育教学全过程 开创我国高等教育事业发展新局面》，《人民日报》2016年12月9日第1版。

［4］张嘉伦：《浅论"课程思政"视角下在外语教学中提升文化自觉与自信——以日语入门教学为例》，《甘肃高师学报》2018年第1期。

［5］崔戈：《"大思政"格局下外语"课程思政"建设的探索与实践》，《思想理论教育导刊》2019年第7期。

［6］管洁：《论"课程思政"视域下的基础日语课程教学设计》，《教育教学论坛》2019年第52期。

［7］张敬源、王娜：《外语"课程思政"建设——内涵、原则与路径探析》，《中国外语》2020年第5期。

［8］曾姝：《"基础日语"课程中实施课程思政的探索和实践》，《科教文汇（中旬刊）》2020年第8期。

［9］张峰：《"课程思政"视角下的大学日语教学研究》，《吉林教育》2020年第8期。

［10］李娜：《关于大学日语教学的思考》，《中国新通信》2020年第9期。

［11］杨华：《我国高校外语课程思政实践的探索研究——以大学生"外语讲述中国"为例》，《外语界》2021年第2期。

［12］黄国文、肖琼：《外语课程思政建设六要素》，《中国外语》2021年第2期。

［13］文秋芳：《大学外语课程思政的内涵和实施框架》，《中国外语》2021年第2期。

［14］尤芳舟：《新文科背景下日语课程思政建设的思考》，《外语学刊》2021年第6期。

［15］教育部高等学校大学外语教学指导委员会日语组：《大学日语教学指南2021版》，高等教育出版社2022年版。

基础日语课程中实施课程思政的探索与实践

徐秀姿[*]

[摘　要] 本文讨论《基础日语实训（四）》课程思政教学设计思路、目标和内容重点，介绍该课程中部分课文课程思政的概要，分析总体的教学设计和教学实施流程，以第四册第九课"環境を考える"为例详述课程思政教学实施的具体过程，并进行课程思政的成效评价，对课程思政教学进行了反思。

[关键词] 基础日语实训（四）　课程思政　教学设计　实践

为了贯彻落实中共中央办公厅、国务院办公厅《关于深化新时代学校思想政治理论课改革创新的若干意见》，教育部印发《高等学校课程思政建设指导纲要》，指出要把思想政治教育贯穿人才培养体系，全面推进高校课程思政建设，发挥好每门课程的育人作用，提高高校人才培养质量。

有不少论文对日语教学中实施课程思政的理论与实践做了有益的探讨。如穆洁华从新国标框架下讨论了日语专业课程思政建设。更多的论文以具体的课程为依托，如尤芳舟以《高级综合日语》课程思政教学设计为例，探讨了新文科背景下高校日语专业课程思政

---

* 徐秀姿，上海海事大学外国语学院副教授，文学博士，研究方向为日语语言研究。

建设方案；陈丹、蒋妍、马云、叶秀华分别就《高级日语》课程中实施课程思政的探索与实践、课程思政建设的可行性和有效性及实施的具体方法、课程思政建设目标和课程重点、实施框架等进行了探讨；姚博文探讨了《日语口译理论与实践》的课程思政的课程设计；张楠阐述了日语报刊选读课程思政的教学实现路径；金玉花等以日语实践类课程为例，讨论了外语课程思政建设和成效。就《基础日语》课程而言，曾姝探讨了《基础日语》课程中实施课程思政的途径；管洁从社会文化、经济发展、政治以及当代大学生的价值观等方面对《基础日语》课程中的思政内容进行了教学设计。以上研究所做的理论与实践的探索，非常有借鉴意义。但总体而言，与国内高校日语专业开设《基础日语》课程的数量相比，对该课程课程思政的研究论文数量还是偏少，且《基础日语》课程通常跨大学一到二年级四个学期，而现在的《基础日语》课程思政的论文多讨论《基础日语（一）》《基础日语（二）》，即一年级的基础日语课程，《基础日语（三）》《基础日语（四）》，即二年级的课程思政进行探讨的论文更少。

本文结合本校的基础日语分为《基础日语》系列与《基础日语实训》系列课程的实际，在简介《基础日语实训（四）》课程的基础上，分析本课程课程思政教学设计的理念，简述课程思政的总体内容后，以其中一课为例，介绍具体的课程思政实施的实践过程，并进行总结与反思。

一、课程简介

《基础日语》作为日语专业学分与课时最多的课程，在专业教学中的重要性不言而喻。我校基础阶段精读课程分为《基础日语》

和《基础日语实训》。《基础日语实训》系列课程与《基础日语》系列课程都为我校日语专业的学科基础课，与《基础日语》使用同一本教材。《基础日语》课程讲授前文（第三册、第四册为本文）、会话，注重词汇、语法知识的讲授，注重夯实学生的语言基础，让学生逐渐构建日语知识体系；《基础日语实训》讲授读解文（第三册、第四册为应用文），做课后练习，注重学生的语言产出，通过多种形式的实训操练，使学生完成从知识输入、掌握到语言产出的过程。《基础日语实训（四）》与《基础日语（四）》相互联动，又各有分工，协同为学生进入高年级学习打下扎实的基础。《基础日语实训（四）》为《基础日语实训》系列课程中的第四门课程，在大学二年级下学期开设。课程使用的教材范围为上海外语教育出版社的《新编日语（重排本）第三册》第九课至《新编日语（重排本）第四册》第九课。因为《基础日语（四）》与《基础日语实训（四）》之间的连续性，为了讨论方便，本文以《基础日语实训（四）》为主进行讨论，有的地方也兼顾《基础日语（四）》的情况。

　　《基础日语实训（四）》以学生的外语知识与外语能力的产出为中心，在学生习得日语中级难度（日语能力考试 N3 到 N2 难度）的文字、词汇、语法等语言知识的基础上，以语言实训的形式，把教学重点放在语言产出上，促进学生思维能力的锻炼、日语能力和跨文化交际能力的提高。《基础日语实训（四）》与《基础日语（四）》共同承担着与高级日语进行有机衔接、为升入高年级学习其他专业课程打下扎实基础的重要作用。

　　本课程的教学目标分为知识要求、能力要求和素质要求。知识方面，要求学生能掌握中级水平的日语文字、词汇、语法、句型、表达方式，了解日本文化、日本社会相关的基本知识。能力方面，要求学生能具备中级程度的日语听、说、读、写、译各项语言技能，具备运用日语与日本人进行基本信息交换、思想沟通的能力。素质方面，要求学生能具备一定的问题意识，能对中文与日语之间的异同进行思考，具备基本的跨文化交流的素养与技能，既开阔视野、放眼世界，又具有家国情怀、社会责任意识，有一定的人文素养。

二、课程思政教学设计思路

根据教学目标要求，主讲教师对每课的知识点进行梳理后，挖掘合适的课程思政元素，设计思考、讨论课题，设计演示发表、小组讨论、角色扮演等课堂活动。学生通过查阅文献、田野调查、问卷调查等方法，运用所学的日语语言知识，在课堂上进行呈现。

主讲教师首先对照课程教学目标要求，梳理每课的新出词汇、语法学习项目与每篇应用文的主题和课文内容，发掘适合融入课程思政的要素。接下来以"学生中心、产出导向"为原则，以线上线下混合式课程的方式进行课程教学的设计，对每堂课线上教学内容部分与线下教学内容部分进行规划。内容上，在词汇、语法教学、课文讲解、练习问题中设计与思政要素的融合；路径上，在线上、线下教学的各个环节中探索适切的融入方式。然后设计这一课的思考、讨论主题，在学习通上发布，学生进行准备后，用日语在课上进行演示发表、小组讨论。旨在让学生通过文献的查阅、调查，加深对相关问题的了解、思考；通过讨论、发表，进行听、说、读、写、译等语言训练，提高学生日语运用能力的同时，培养学生的问题意识，锻炼思维能力。

基于课程实训的特点，课程思政建设的内容重点在学生的语言产出上。本课程思政建设的目标是，通过《基础日语实训（四）》

课程思政建设，在知识方面，让学生掌握中级水平（相当于日语能力考试 N3 到 N2 难度）的日语文字、词汇（动词、副词、接头词、接尾词等）、语法（形式体言、终助词、复合助词等）、句型、表达方式，了解日本文化、日本社会相关的基本知识（日本的概况、教育制度、动漫、和服、料理、落语、姓名的由来等），了解日语的拟声拟态词、谚语以及日语含糊表达的特点。能力方面，要求学生能具备中级程度的日语听、说、读、写、译各项语言技能，具备运用日语与日本人进行基本信息交换、思想沟通的能力。具有查阅用日语写的初级难度的文献资料的能力。素质方面，使学生具有中级程度的日语能力的同时，具备一定的人文素养和思维能力，能用日语讲述中国故事，同时了解对象国日本，具有国际视野。能具备一定的问题意识，能对中文与日语之间的异同进行思考，具备基本的跨文化交流的素养与技能，既开阔视野、放眼世界，又具有家国情怀、社会责任意识。同时结合我校航运、物流、海洋特色，了解课程中与航运相关的词汇和知识。

三、课程思政教学设计与实践

（一）整体介绍

表 1 为《基础日语实训（四）》课程中的部分课文以及相应的课程思政设计思路、实施手段的概要。

基础日语课程中实施课程思政的探索与实践 | 131

表1 《基础日语实训（四）》课程建设概要

序号	课文标题	主要知识点	课程思政案例	思政要素	教学方法和手段
1	コピー食品・インスタント食品	语言知识点① 了解食品安全相关知识	日本和国内代表性的食品安全事件	引导大学生建立食品安全意识，养成健康饮食习惯	查阅资料，小组讨论，在课上演示发表
2	カード時代	语言知识点 了解中国与日本消费支付的历史与现状	日本与国内无现金支付情况的对照分析	通过对照分析，使学生了解中日无现金支付背后的技术因素、消费理念等的异同	查阅资料，小组讨论，在课上演示发表
3	漫画ゲーム	语言知识点 了解中日动漫发展历史与现状	日本动漫产业的发展对国内动漫产业的启示	通过日本国内成功的动漫作品的探讨，思考国内优秀的动漫作品的制作、推广的经验	分组查阅资料，在课上演示发表、讨论
4	日本について	语言知识点 了解日本的概况；了解日本人姓氏的历史	学习日本的姓氏和中国的国家姓	了解中日姓名的特点及其背后的文化、心理	以一定的资料为样本，进行中日名字的对照分析
5	日本料理	语言知识点 了解代表性的日本料理	中国的八大菜系的简介及其日译	了解中日主要饮食，能用日语介绍中国的代表性菜肴	收集菜单上的中日互译语料，整理互译词库，分析译误

① 语言知识点为教材中各课的语法解说项目，表1中这部分从略。

续表

序号	课文标题	主要知识点	课程思政案例	思政要素	教学方法和手段
6	本音と建て前	语言知识点 了解日语中的"场面话"	日常生活、影视剧中的"场面话"	思考中国"内"与"外"、"真心话"与"场面话"的情况，与日本进行对比	以短剧的形式演示中和日语中"场面话"的场景，思考其背后的动机与文化因素
7	ゴミ	语言知识点 了解日本与中国的垃圾分类	日本与上海垃圾分类的宣传文件	了解日本与国内垃圾分类的历史、实施的情况，思考存在的不足和改善的建议	查阅资料，设计问卷进行调查、课题讨论
8	環境を考える	语言知识点 了解日本环境治理的历史	日本四大公害病的视频	了解日本环境公害的历史，思考其对我国的启示	观看视频，查阅数据，小组讨论
9	教育	语言知识点 了解日本近二三十年教育改革的发展过程	日本宽松教育的背景、实施效果与调整措施的研究论文	了解日本近进年进行宽松教育以及对其我国教育改革的启示	查阅论文，进行课堂讨论
10	ことわざ	语言知识点 了解日语的谚语	中日谚语的对照学习	了解中日谚语的语言特点及其背后的文化、心理特点	以小组为单位，收集一组日谚语，分析异同，在课上演示发表

(二) 教学实施

课程以线上、线下相结合的形式进行。总体的教学设计和教学实施流程如下（【 】的部分为课程思政融入的设计）：

线上教学部分，新出词汇解说、语法辨析解说、重点难点知识解说分别录制成 10—15 分钟的课程视频，设置任务点，学生在线上学习【词汇解说、语法解说的例句设计考虑思政要素，把语言学习与思政融入相结合】。练习部分，文字、词汇、语法的填空题、改换句子练习以及汉日互译等练习以章节测试与作业的形式发布，学生在线上提交后，教师进行批改。教师在学习通上发布讨论主题，学生在线上参与讨论；每两节课布置一个发表的课题，学生进行课题发表的准备【讨论话题与课题的设计中融入课程思政要素，在学生语言产出的过程中达到隐性课程思政的效果】。

线下教学部分，以翻转课堂的形式展开。首先教师就学生线上课程视频学习过程中的重点、难点问题、线上章节测试的结果，以及学生在学习通上的线上讨论情况进行反馈。通过学生朗读、翻译等方式，学习这一课的应用文，过程中融入应用文中包含的课程思政要素。然后围绕提前在学习通上布置的课题组织学生进行演示发表【锻炼学生的思辨能力、团队合作与沟通能力，思政要素的设计穿插在讨论与课题发表中】。学生发表结束后，教师给予反馈【反馈内容除了语言能力方面，也包括对发表中体现出来的思辨能力、团队合作能力方面的评价】。当课课程结束后，学生结合教师的反馈整理发表的内容，在学习通上提交课题报告。

(三) 具体实施案例

以下以第四册第九课"環境を考える"为例进行具体的说明。

第四册第九课"環境を考える"课文的主题为地球环境保护。教学目标要求中，语言知识方面，要求掌握"しのぐ""差し迫る"等 20 个新出词汇和"まさか""つかまる""つかまえる""とらえる"的词义辨析，"う／よう"表示推量等 6 个语法、句型，了解环境保护相关的知识；能力方面，要求学生能用日语阐述环境保护的意义、存在的问题等；素质方面，要求学生具备社会责任意识与自觉的环保意识，并身体力行，践行低碳生活理念。

首先对这节课的内容进行了线上线下混合式教学的设计。具体的教学安排以及课程思政的融入设计、课时分配如下：

1. 把 20 个新出词汇和 6 个语法、句型的解说分别录制成 10—15 分钟的课程视频，设置任务点，布置学生线上学习。同时上传作者录制的《从海运看地球变暖对策》的微视频（图1），让学生了解全球变暖背景下航运业采取的对策，2050 年温室气体排放量减少 50% 的目标。同时掌握"IMO（国際海事機関）"（国际海事组织）、"ウェザールーティング"（气象定线）、"長距離船舶識別追跡システム"（船舶远程识别与跟踪系统）等海运相关的日语词汇（图1）。

有几个新出词汇可以结合课程思政要素，把语言学习与思政融入相结合。分别是：

"万国博覧会"：先以问题切入，"上海世博会召开是在哪一年？""那时的你几岁？有没有和父母一起去过世博会呢？"提问使用日语，引导学生回顾上海世博会的盛况。上海世博会举办的时间是 2010 年，现在大二的学生那时大约六七岁，可能不一定有很深的印象，介绍时适当地放几张当时的照片。

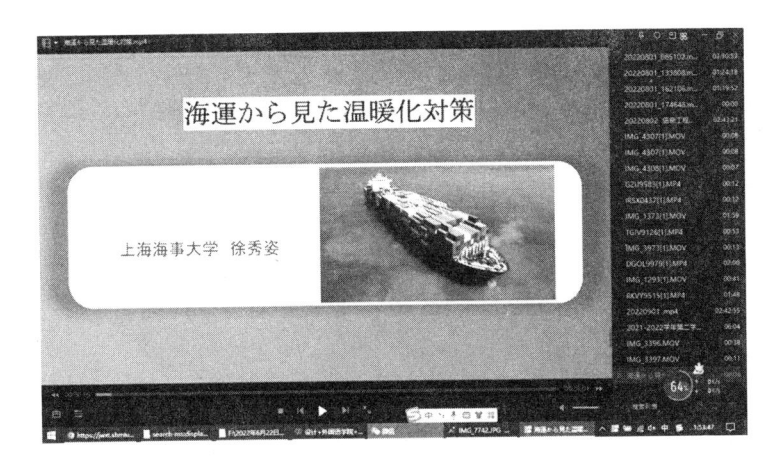

图1　《从海运看地球变暖对策》的微视频

2. 发布章节测试与作业，学生线上提交后，教师进行批改，以把握学生新出词汇和语法、句型自主学习的效果。

3. 教师在学习通上发布讨论话题"日本の環境保護"。

设计这个讨论话题的目的是引导学生查阅文献、数据，分析日本环境保护的历史、现状、问题，进而进一步思考于我国的启示。日本20世纪经济高度发展时期，曾有过四大公害病这样污染非常严重的历史，给国民健康带来很大的伤害。要求学生了解四大公害病的产生原因、危害，受害者诉讼维权的过程等。利用学习通的"讨论"功能，让学生共享查到的资料，开展讨论。

4. 布置该课发表的课题"環境保護に私にできること"（环境保护我能做的事），引导学生结合日常生活、学习，思考个人可以为环保做些什么。要求使用日语，并用上至少四个该课以及近几课中的主要语法、句型、表达。学生以小组为单位进行主题发表的准备，并在课前把准备发表的PPT上传到学习通上。

5. 线下教学部分，教师首先就该课的重点、学生提出的难点问题、线上章节测试的结果，以及学生在学习通上的线上讨论情况进行反馈。然后通过学生朗读、翻译等方式，学习这一课的应用文

"地球の自然を守ろう"（保护地球的自然）。这个部分约 30 分钟。

课文中出现"国破れて山河あり"一句，是适合结合思政元素的地方。这句日语是对唐代诗人杜甫《春望》中的"国破山河在，城春草木深"按照日语的发音进行训读的句子。向学生介绍日本的汉文训读，日本小学、初中、高中的国语教材都有"漢語"（汉语）这个部分，学习中国的古诗、故事。初中三年级的国语教材中出现了杜甫的《春望》（图2）、王维的《送元二使安西》、李白的《静夜思》等唐诗。这些唐诗按照日语的语序、发音进行训读。这充分体现了中国的汉语对日本语言、文字、文化的深远影响。可以激发学生的家国情怀，加深学生对中国语言、文字、文化的热爱。

6. 结合前面日本教材中汉文学习情况的介绍，请同学们说说感受，主讲教师再做一些补充。可以从跨文化交际的视角讨论如何讲好中国故事，让国外更了解中国发展的成就。这个部分约 10 分钟。

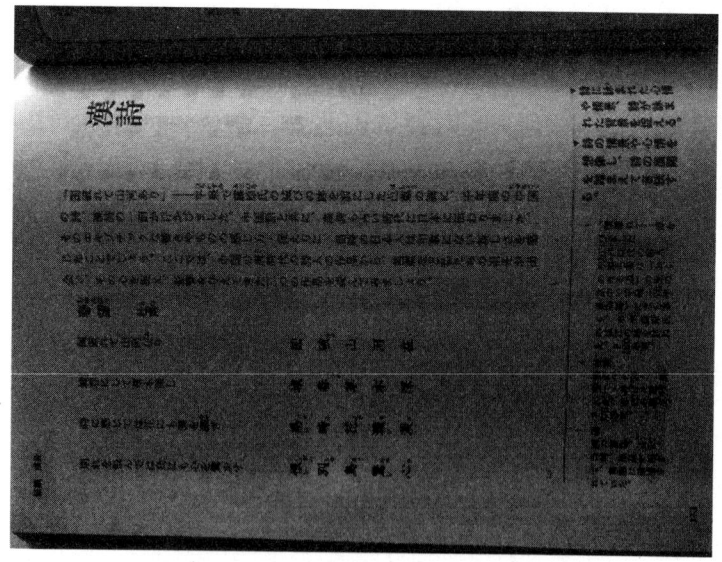

图 2　日本初中国语教材中的唐诗[①]

[①] 『中学校国語 3』、学校図書、2020 年、第 173 頁。

图 3　学生课堂上演示发表

7. 围绕课题"環境保護に私にできること"组织学生进行演示发表，教师对日语表达、内容等给予反馈。环境保护是个全球性的课题，一次课程肯定没法涵盖太多内容，这个课题引导学生思考个人的力量，培养"勿以恶小而为之，勿以善小而不为"的美德。这个环节约45分钟。

8. 下课前布置作业，请学生课后结合教师的反馈意见，修改完善发表的内容，在学习通上提交论文报告。

四、课程思政成效评价

《基础日语实训（四）》为上海海事大学2020年课程思政示范课程。通过前期的准备和2020—2021学年第二学期的教学实践，达到了既定的课程教学目标。课程教学得到学生的认可，2020—2021

学年第二学期《基础日语实训（四）》学生评教得分为 98.2 分，开课部门排名比 1%，评教等级为 A +，全校排名比为 0.3%。

　　临近期末时，利用学习通的"问卷"功能，就学生对该学期教学内容安排、效果等进行了了解。就该学期课程思政建设中使用的方法之一的课题发表，96% 的同学觉得有意思；100% 的同学表示通过课题发表，对如何开展课题研究，有了初步的了解。84% 的同学认为以前对课题研究没有兴趣，通过课题发表，有了兴趣；或者以前对课题研究就有兴趣，通过课题发表，兴趣更高了。88% 的同学希望课题研究发表以后也继续进行下去。

　　通过与学生的交流，得到反馈认为课程内容的设计很大程度上激发了学生的思维能力，拓宽了知识面，促进学生养成了阅读、思考的习惯。增进了学生对中国语言、文化的理解，加深其了对中日文化交流史的了解，对跨文化交际的理论、用日语讲好中国故事的实践意义都有了更深的领会。2021 级日语 192 班的陈嘉仪、陈斯恒、刘鋆三位同学身体力行、学以致用，他们拍摄的视频《日本外教眼中的临港新片区》在第一届全国高校日语专业"用日语讲好中国故事"微视频大赛中获三等奖。

五、课程思政教学反思

　　《基础日语实训（四）》课程建设把外语教学与课程思政全面融合，充分挖掘每课词汇、语法教学、课文主题中的思政要素。以学生为中心、以产出为导向，在线上线下的教学环节探索融入课程思政要素的适切的地方。结合课程特点，以小组讨论、课堂发表等形式，将外语技能的实训操练与课程思政有机融合。同时结合我校航运、物流、海洋特色，在课程内容与思政建设中也融入航运、海洋的相关知识。

在《基础日语实训（四）》课程思政建设过程中，我们也遇到一些问题。如因培养方案修订需要，《基础日语实训（四）》学分与课时都有所压缩（由原来的 4 学分、64 学时调整为 2 学分、32 学时）。如何充实课程内容，使课程思政要素与语言知识的讲授有机结合，保证课程质量，需要用线上线下相结合的模式，进行合理的设计。另外，课题研究型的学习方式，对学生来说也是不小的挑战，需要教师付出更大的耐心进行引导。

通过课程思政建设，教师也加深了对教书育人责任的理解。课堂教学不仅是知识、技能的传授，更需要价值观的引领、人文素质的培养，因而教师自身的学习显得尤为重要。教师与时俱进，才能引领学生。同时，以大学生为对象的课程思政教学，如何让课题有深度、有内涵，又兼顾学生的外语水平，不刻意拔高，在学生跳一跳够得着的难易程度下进行，还需要不断地探索。

结　语

本文讨论了《基础日语实训（四）》课程思政教学设计思路、目标和内容重点，介绍了该课程中部分课文课程思政的概要后，分析了总体的教学设计和教学实施流程，并以第四册第九课"環境を考える"为例详述了课程思政教学实施的具体过程。并进行了课程思政的成效评价，对课程思政教学进行了反思。

本文中课程的成效评价主要依据学生评教、问卷反馈以及与学生的交流反馈。课程思政教学效果的呈现需要较长时间，对课程思政教学全过程的综合评价将留作今后的课题。

参考文献

[1] 教育部关于印发《〈高等学校课程思政建设指导纲要〉的通知》，中国政府网站，2020 年 5 月 28 日，http：//www.gov.cn/srcsite/A08/s7056/202006/t20200603_462437.html。

[2] 穆洁华：《新国标框架下日语专业课程思政建设研究——以北京联合大学日语专业为例》，《教育教学论坛》2021 年第 23 期。

[3] 尤芳舟：《新文科背景下日语课程思政建设的思考》，《外语学刊》2021 年第 6 期。

[4] 陈丹：《日语专业课程中思政元素的导入》，《文学教育（下）》2019 年第 11 期。

[5] 蒋妍、马云：《〈高级日语〉课程中实施课程思政的探索与实践》，《品位·经典》2022 年第 5 期。

[6] 叶秀华：《高校外语思政课程教学路径探索——以"高级日语"为例》，《太原城市职业技术学院学报》2022 年第 2 期。

[7] 姚博文：《课程思政背景下的课程设计创新研究——以"日语口译理论与实践"为例》，《科教文汇（上旬刊）》2021 年第 31 期。

[8] 张楠：《日语报刊选读课程思政的教学实现路径探究》，《东北亚外语研究》2021 年第 2 期。

[9] 金玉花、葛茜、何美玲：《外语课程思政建设探索和成效研究——以日语实践类课程为例》，《东北亚外语研究》2022 年第 3 期。

[10] 曾姝：《"基础日语"课程中实施课程思政的探索和实践》，《科教文汇（中旬刊）》2020 年第 8 期。

[11] 管洁：《论"课程思政"视域下的〈基础日语〉课程教学设计》，《教育教学论坛》2019 年第 52 期。

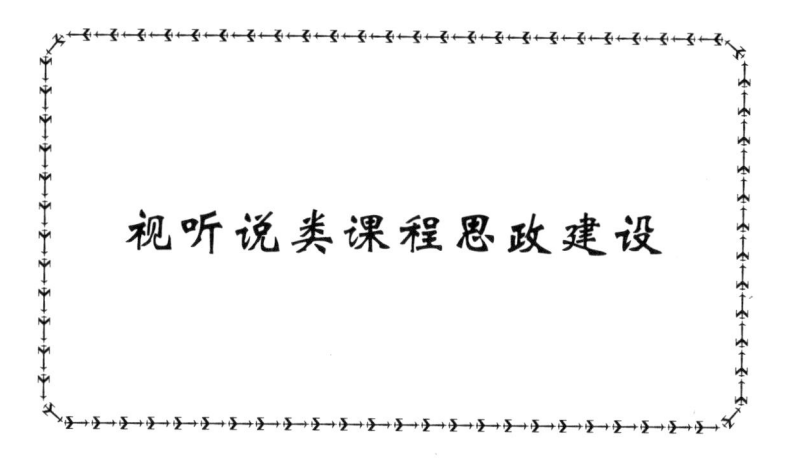

视听说类课程思政建设

基于成果导向教育理论与课程思政理念的《高级日语视听说2》课程建设与实践*

裴 丽**

[摘 要]本文从课程设计理念、多元大纲、教学内容和教学模式等方面介绍了《高级日语视听说2》课程的建设情况。该课程践行成果导向教育（OBE）理念，以学生为中心，运用现代化信息技术开发教学资源，实现线上线下混合式教学并采用多元化的教学方法。同时将课程思政理念融入专业教学，课程设置了多元大纲，不仅有知识传授、能力培养目标，还设定了价值塑造目标。为实现多元目标，课程模块化建构了教学内容，将显性、系统的价值观元素融入其中，以发挥专业课立德树人的教育目标。

[关键词] OBE理念 课程思政 《高级日语视听说2》 多元化大纲

党的十八大报告首次提出："把立德树人作为教育的根本任

---

* 本文为2022年北京高等教育"本科教学改革创新项目"重点项目"一流本科建设视域下日语专业内涵式发展改革与实践"（京教函〔2022〕395号）、2022年国际关系学院本科教育教学改革创新项目"基于OBE理论与课程思政理念的《高级日语视听说2》课程建设与实践"的阶段性成果。

** 裴丽，国际关系学院外语学院日语系副教授，教育学博士，研究方向为日语语言学、话语分析。

务。"① 在2018年9月10日召开的全国教育大会上,习近平总书记指出:"要把立德树人融入思想道德教育、文化知识教育、社会实践教育各环节,贯穿基础教育、职业教育、高等教育各领域,学科体系、教学体系、教材体系、管理体系要围绕这个目标来设计,教师要围绕这个目标来教,学生要围绕这个目标来学。凡是不利于实现这个目标的做法都要坚决改过来。"② 2020年5月28日,教育部关于印发《〈高等学校课程思政建设指导纲要〉的通知》(本文以下简称《纲要》),指出"落实立德树人根本任务,必须将价值塑造、知识传授和能力培养三者融为一体、不可割裂",同时要求高校"要坚持学生中心、产出导向、持续改进,不断提升学生的课程学习体验、学习效果,坚决防止'贴标签''两张皮'"③。

外语教学是我国高等教育的重要组成部分,外语课程思政就是要"把价值观引领与语言知识的传授和语言应用能力的培养有机地结合起来,要有意识地在知识传授和能力培养的过程中,始终重视价值观的引领,并把价值观引领摆在重要的位置"④。外语课程内容涉及外国文化思想和意识形态,应该更加自觉地坚守国家和民族价值观,体现鲜明的政治立场和价值导向,避免被外国思想文化遮蔽⑤。就日语专业课程教学而言,如何在知识传授和能力培养的过程中突出价值引领的作用呢?本文以《高级日语视听说2》课程为例,探讨如何在该课程中实现这一目标。

---

① 《胡锦涛在中国共产党第十八次全国代表大会上的报告》,人民网,2012年11月18日,http://www.cpc.people.com.cn/n/2012/1118/c64094 - 19612151 - 7.html。
② 《习近平出席全国教育大会并发表重要讲话》,中国政府网站,2018年09月10日,http://www.gov.cn/xinwen/2018 - 09/10/content_5320835.htm?tdsourcetag = s_pcqq_aiomsg。
③ 教育部关于印发《〈高等学校课程思政建设指导纲要〉的通知》,中国政府网站,2020年5月28日,https://www.gov.cn/zhengce/zhengceku/2020 - 06/06/content_5517606.htm。
④ 肖琼、黄国文:《关于外语课程思政建议的思考》,《中国外语》2020年第5期,第1页、第10-14页。
⑤ 王守仁:《论"明明德"于外语课程——兼谈〈新时代明德大学英语〉教材编写》,《中国外语》2021年第2期,第4—9页。

一、《高级日语视听说》课程现状及问题

现有的《高级日语视听说》课程主要存在以下四方面的问题。

第一，目前的高级日语听说类教材主要注重语言知识的讲授和语言听说能力的培养，忽略了价值塑造目标，更没有特别突出课程育人功能的系统性。《纲要》明确指出："高校课程思政要融入课堂教学建设，作为课程设置、教学大纲核准和教案评价的重要内容，落实到课程目标设计、教学大纲修订、教材编审选用、教案课件编写各方面，贯穿于课堂授课、教学研讨、实验实训、作业论文各环节。"[①]

第二，课堂"以教师为中心"，往往采用传统的教师播放录音和视频、学生被动听的授课模式。这种教学模式在信息不发达的社会，是学生获取知识的重要途径。但随着科技的发展和现代化信息技术的普及，这样的教学模式已不再适应时代发展。按照这种传统的教学模式，学生的学习积极性不高，能力培养达不到要求，教学效果不佳。

第三，课程资源匮乏，除课堂内容以外，成体系的扩展性音频、视频资源不足。

第四，传统的日语听说课程过于注重语言技能教学和日本文化的单向传授，缺少对中国文化和中国故事的介绍，导致学生对本土文化了解不足，虽能过语言关，却无法向世界传播中国声音，讲好中国故事。党的十八大以来，习近平总书记多次强调加强国际传播

---

① 教育部关于印发《〈高等学校课程思政建设指导纲要〉的通知》，中国政府网站，2020年5月28日，https://www.gov.cn/zhengce/zhengceku/2020-06/06/content_5517606.htm。

能力建设，讲好中国故事，传播好中国声音，向世界阐释推介更多具有中国特色、体现中国精神、蕴藏中国智慧的优秀文化，展示真实、立体、全面的中国。外语教育不仅承担着外国语言文学等方面的教学责任，更承担着传承和传播中华优秀文化的责任。

二、《高级日语视听说2》的课程建设

（一）课程设计理念

1. OBE 理念

《纲要》要求我们"要坚持学生中心、产出导向、持续改进"[①]，这正是 OBE 的精髓。

OBE 理念由美国学者斯派蒂（Spady W. G.）教授提出，其核心教育理念是以成果为导向，即通过成果实现产出的可持续性，调整教学体系，改进教学模式，从而提高教学效果。[②] 与知识结构、教师传授为主导的传统教育相反，OBE 理念"以学生为中心"，聚焦于"学生产出"。

《高级日语视听说2》课程践行 OBE 理念，以学生为中心，采用以学生为中心的教学策略。根据学生需求设计教学过程，运用协作学习、作品展示、头脑风暴、创建媒体、工作坊、项目式学习、社交媒体、参加竞赛等方式，把学生放在学习过程的中心，从而提升学生的学习兴趣，进而提高学生日语语言应用能力。

---

① 教育部关于印发《〈高等学校课程思政建设指导纲要〉的通知》，中国政府网站，2020年5月28日，https://www.gov.cn/zhengce/zhengceku/2020-06/06/content_5517606.htm。
② Spady William G, "Outcome-based Education: Critical Issues and Answers," Arlington: American of School Administrators, 1994, pp. 1-24.

2. 课程思政理念

在 2018 年 9 月 10 日召开的全国教育大会上，习近平总书记强调："要在坚定理想信念上下功夫，教育引导学生树立共产主义远大理想和中国特色社会主义共同理想，增强学生的中国特色社会主义道路自信、理论自信、制度自信、文化自信，立志肩负起民族复兴的时代重任。要在厚植爱国主义情怀上下功夫，让爱国主义精神在学生心中牢牢扎根，教育引导学生热爱和拥护中国共产党，立志听党话、跟党走，立志扎根人民、奉献国家。要在加强品德修养上下功夫，教育引导学生培育和践行社会主义核心价值观，踏踏实实修好品德，成为有大爱大德大情怀的人。要在增长知识见识上下功夫，教育引导学生珍惜学习时光，心无旁骛求知问学，增长见识，丰富学识，沿着求真理、悟道理、明事理的方向前进。要在培养奋斗精神上下功夫，教育引导学生树立高远志向，历练敢于担当、不懈奋斗的精神，具有勇于奋斗的精神状态、乐观向上的人生态度，做到刚健有为、自强不息。要在增强综合素质上下功夫，教育引导学生培养综合能力，培养创新思维。"[1]

（1）多元大纲。按照《纲要》要求，还需重新设定价值塑造、知识传授、能力培养的三维目标。基于此，该课程重新制定了教学大纲，大纲中融入了显性的、系统的价值观元素。这些价值观元素均源于社会主义核心价值观。

《关于培育和践行社会主义核心价值观的意见》指出："社会主义核心价值观是社会主义核心价值体系的内核，体现社会主义核心价值体系的根本性质和基本特征，反映社会主义核心价值体系的丰

---

[1] 《习近平出席全国教育大会并发表重要讲话》，中国政府网站，2018 年 9 月 10 日，http：//www.gov.cn/xinwen/2018-09/10/content_5320835.htm？tdsourcetag = s_pcqq_aiomsg。

富内涵和实践要求，是社会主义核心价值体系的高度凝练和集中表达……培育和践行社会主义核心价值观，是推进中国特色社会主义伟大事业、实现中华民族伟大复兴中国梦的战略任务。"① 党的十八大提出："倡导富强、民主、文明、和谐，倡导自由、平等、公正、法治，倡导爱国、敬业、诚信、友善，积极培育和践行社会主义核心价值观。"② 富强、民主、文明、和谐是国家层面的价值目标，自由、平等、公正、法治是社会层面的价值取向，爱国、敬业、诚信、友善是公民个人层面的价值准则。

《高级日语视听说2》课程充分考虑了国家、社会和个人三个层面的价值要求，在国家层面，融入了富强、和谐两个元素；在社会层面，融入了平等、公正两个元素；在个人层面，融入了爱国、敬业、诚信、友善四个元素。

该课程针对日语专业大三学生开设。大三学生面临人生新机遇，在此阶段的专业课中融入社会主义核心价值观教育，能够引导学生把事业理想和道德追求融入国家建设，将社会主义核心价值观内化为精神追求，外化为自觉行动。

（2）模块化建构教学内容。王守仁指出，"我们应改变观念，走出专业教学的舒适区，从方法入手，重构教学内容：我们可以对教学内容有所取舍，选择相关重点，可以努力寻找德育与专业学习的契合点，更为重要的是对同样的内容，可以从新的视角去审视，从国家和民族立场出发去分析、比较、挖掘其中蕴含的思想价值和精神内涵"③。

---

① 《中共中央办公厅印发〈关于培育和践行社会主义核心价值观的意见〉》，中国政府网站，2013年12月23日，http://www.cpc.people.com.cn/n/2013/1223/c64387-23924110.html。
② 《胡锦涛在中国共产党第十八次全国代表大会上的报告》，人民网，2012年11月18日，http://www.cpc.people.com.cn/n/2012/1118/c64094-19612151-6.html
③ 王守仁：《论"明明德"于外语课程——兼谈〈新时代明德大学英语〉教材编写》，《中国外语》2021年第2期，第4—9页。

在《高级日语视听说 2》课程中，我们重构了教学内容。教学内容的重构涉及人才培养理念、教学路径与教学方法的运用、教学重点的安排、教学活动的设计方方面面，具有整体集成性[①]。本课程重新编排和整合了教学材料，有针对性地确定了单元话题的建构原则，以社会主义核心价值观为话题构建参照系，分 7 个模块建构教学内容，分别为："科技与创新""人与自然""公正平等""中日传统与文化""职业道德""友善与诚信""人文关怀"。每堂课将重点思政元素与语言教学相结合，该思政主题统领视听说内容与活动、练习以及最后的产出性任务。各模块体现的主要价值观元素如下（表 1）：

表 1　各模块体现的主要价值观元素

模块	主要价值观元素
科技与创新	富强（科技现代化）
人与自然	和谐（人与自然和谐）
公正平等	公正（公平）、平等（社会平等）
中日传统与文化	爱国（热爱中国传统文化）
职业道德	敬业（职业精神）
友善与诚信	友善（尊重他人）、诚信
人文关怀	友善（关爱互助）

我们以第五单元为例进行说明。该单元的主题是职业道德，我们的价值目标是通过该单元的学习增强学生的职业责任感，帮助学生树立正确的职业道德观。在 2020 年 11 月 24 日的全国劳动模范和

[①] 刘正光、岳曼曼：《转变理念、重构内容，落实外语课程思政》，《外国语》2020 年第 5 期，第 21—29 页。

先进工作者表彰大会上,习近平总书记指出,要"大力弘扬劳模精神、劳动精神、工匠精神。'不惰者,众善之师也。'在长期实践中,我们培育形成了爱岗敬业、争创一流、艰苦奋斗、勇于创新、淡泊名利、甘于奉献的劳模精神,崇尚劳动、热爱劳动、辛勤劳动、诚实劳动的劳动精神,执着专注、精益求精、一丝不苟、追求卓越的工匠精神。劳模精神、劳动精神、工匠精神是以爱国主义为核心的民族精神和以改革创新为核心的时代精神的生动体现,是鼓舞全党全国各族人民风雨无阻、勇敢前进的强大精神动力"[1]。因此,我们将工匠精神的培养作为主要的价值目标。在第一部分,我们首先播放了关于寿司匠人杉田孝明的纪录片,纪录片中详细讲述了杉田孝明在制作寿司过程中所展现出的精益求精、追求极致的职业态度以及勇于进取、开拓创新的敬业精神。单元练习设置了听力判断、填空、问答等相关题目,所选内容包括杉田孝明工匠精神的很多细节,在提升学生语言能力的同时,升华本单元主题,将工匠精神所蕴含的优秀品质传达给学生,激励和引导他们深入学习和研究所学专业,将立志做一名优秀的专业人才作为个人的职业理想和追求。在第二部分,我们播放了医疗剧《Doctor-X 外科医·大门未知子》的部分片段。片段选取的主要是展示外科医生大门未知子一丝不苟的职业态度和高超的技艺、蜂须贺医生的职业责任感的相关内容。在学习语言知识的同时,使学生深刻领悟和认同工匠精神的内核,遵守职业道德,今后不断提升职业技能和素养。在单元最后,我们还设置了丰富的课堂活动,让学生讨论本单元出现的几位主人公最打动自己的方面,让他们在课下搜集我国优秀的工匠事迹并在下次课上公开发表和讨论。通过这样的方式,增加了教学的趣味性和生动性,

---

[1] 《习近平:在全国劳动模范和先进工作者表彰大会上的讲话》,中国政府网站,2020 年 11 月 24 日,https://www.gov.cn/xinwen/2020-11/24/content_5563928.htm?eqid=9ba8df2e00008cc1000000046459c317。

发挥了课堂教学在职业道德，尤其是工匠精神培养中的作用，从而落实立德树人的任务。

（3）以学生为中心的教学模式主要体现

第一，运用现代化信息技术开发教学资源，实现线上、线下混合式教学。"以学生为中心"的教学理念是使学生为主体，教师为主导。学生由"被动者"变为"主动者"，拥有了学习的主动权。与此同时，教师由原来的"教授者"变为"引导者"和"指导者"，教师主要负责设计教学内容和提供教学资源，为学生提供适当的指导。通过线上、线下相结合的教学模式，可以将教师灌输式的"教"转化为学生主动式的"学"，提高学生的学习兴趣，自发地将"要我学"转化为"我要学"。

笔者在《高级日语视听说2》的教学中主要使用了雨课堂、班级小管家、云班课等教学辅助软件以及学校配备的新课（New Class）语言学习系统。线下课主要使用雨课堂和新课，要求学生听完每一段音视频后，在雨课堂平台上快速答题，题目多为选择和判断题。教师根据题目难度设置相应的答题时间，时间一到马上可看到学生的答题情况，并根据学生的答题情况灵活安排教学内容。当设置开放式课堂讨论题目时，则使用新课语言学习系统将学生随机分组，各小组成员分别进行讨论。此时，教师在后台对各个小组实施"监听"，关注学生的交流情况。当发现学生遇到困难或用中文讨论时，则单独指导或提醒，发挥"引导者"和"指导者"的作用。如此一来，学生不再是"被动者"，每一名学生均可参与课堂答题和讨论，学生的参与感增强，学习积极性也大大提高。线下课之前和之后，教师还会安排线上学习活动，主要使用雨课堂、班级小管家和云班课。由于课上教学内容有限，仅通过线下课的教学实现高级日语听说目标是很难的。笔者收集了大量与单元主题相关的内容发布到云班课和雨课堂的资源库中，要求学生依据教师发布的任务进行线上学习。线下课课前会在平台上发布单词、小视频等与课堂相关的内容要求学生预习，学生可利用零散时间自由安排。线下课课后，会在平台上发布补充资源和作业，将教学活动延伸到课下。这样，通过线上与线下，课上与课下的有机结合，促使学生接触大量教师精心挑选的音视频资源，通过大量的听说练习提高日语听说能力。图1为课后发布的线上任务。

图 1　课后任务示例

第二，多元化的教学方法。OBE 教学理念"以学生为中心"，聚焦于"学生产出"。《高级日语视听说2》课程根据学生需求设计教学过程，采用多元化的教学方法。课程讲、查、做、演相结合，充分调动学生的学习积极性。

讲，即课堂讲授，教师为学生提供必要的知识讲解。查，即查阅资料，课堂之外，教师会要求学生查阅相关资料。如前文中提到的，在学习完职业道德模块后，会要求学生课下搜集我国优秀的工匠事迹。做，即要求学生做微视频。在学习完传统文化模块后，教师会要求学生查阅相关资料或实地调研，以小组为单位完成中国传统文化微视频制作。这部分培养和考查了学生的综合能力，同时也要求小组成员分工协作、各司其职。从脚本的撰写到视频的录制，从音频的导入到字幕的添加，全部过程均需要学生合作完成。要想提交精彩的视频，学生必须认真写脚本，努力查资料，同时还要反复练习，将脚本读熟。另外，学生还需要采用合适的技术手段，让视频看起来更加精美，有的小组甚至请了其他专业的技术指导加入自己的团队，完成视频制作。这个合作学习的过程也使学生在学习中体验到了任务的挑战性和合作的重要性。图2为学生提交作业示例。正如前文所述，传统的日语听说课程过于注重语言技能教学和日本文化的单向传授，缺少对中国文化和中国故事的介绍，导致学生对中国本土文化了解不足，虽能过语言关，却无法向世界传播中国声音。所以，我们的课程从课上的学，到学生课下的查和做，都在有意识地培养学生传播中国声音。同时，我们也鼓励学生，将自己做的微视频上传到网络上，让更多的外国人了解中国。最后的演，则指学生的演讲。每次课堂讨论后，每个小组选派代表发表本组意见。通过讲、查、做、演相结合的教学方式，我们把学生放在了学习过程的中心，学生的学习积极性大大提高。

图 2　学生提交作业示例

三、结语

　　"以学生为中心"的 OBE 理念颠覆了传统"老师教、学生学"的教学模式，学生由"被动者"变为"主动者"，教师从"教授者"变为"引导者"。教师的主要任务是设计教学内容和提供教学资源，为学生提供适当的指导。笔者教授的《高级日语视听说 2》课程践行 OBE 理念，以学生为中心，运用现代化信息技术开发教学资源，实现线上、线下混合式教学并采用多元化的教学方法。同时将课程思政理念融入专业教学，课程设置了多元大纲，不仅有知识传授、能力培养目标，还设定了价值塑造目标。为实现多元目标，课程模块化建构了教学内容，将显性的、系统的价值观元素融入其中，发挥专业课教学的育人作用。

爱国敬业教育融入《日本影视欣赏》课程教学的实践研究*

普书贞**

[摘　要] 长期以来，高等学校关于大学生的思想政治工作如何开展才更行之有效一直是一个难题。中国农业大学按照立德树人的要求，在专业课教学中探索将爱国主义与敬业精神教育潜移默化地渗透到《日本影视欣赏》课程教学，对大学生进行品德熏陶。7年多来的教学实践证明，参与《日本影视欣赏》课程学习的大学生爱国意识和敬业精神均有不同程度提升，社会主义核心价值观教育行之有效。

[关键词]《日本影视欣赏》　思政元素　立德树人　教育方法　实践探索

青年是祖国的未来、民族的希望。大学生正处于人生的"拔节孕穗期"，最需要进行精心引导和栽培。长期以来，我国对大学生的思想政治教育工作如何开展才更行之有效一直是一个研究中的课题，专业课程中发挥思想政治教育功能更是当前及今后教

---

* 中国农业大学2017年"专业课发挥思政教育功能专项"——《日本影视欣赏》课程中爱国敬业教育方法渗透例谈（中央高校教育教学改革项目，项目编号：15101001）

** 普书贞，中国农业大学人文与发展学院副教授，博士，研究方向为日本文化。

育教学改革的重点。

一、爱国敬业教育融入《日本影视欣赏》课程教学的意义

党的十八大以来，围绕培养什么人、怎样培养人、为谁培养人这一教育根本性问题，党中央提出了坚持社会主义办学方向、坚持立德树人根本任务的明确要求。党的二十大报告提出"广大教师要用好课堂讲坛，用好校园阵地。用自己的行动倡导社会主义核心价值观，用自己的学识、阅历、经验点燃学生对真善美的向往，使社会主义核心价值观润物细无声地浸润学生们的心田、转化为日常行为"①。

社会主义核心价值观基本内容概括浓缩为"富强、民主、文明、和谐，自由、平等、公正、法治，爱国、敬业、诚信、友善"24个字。这是大力弘扬中国梦的时代契机下最直接的助推力和精神动力，是与我国的经济、社会发展紧紧相依的。社会主义核心价值观基本内容主要分为三个层面。第一层面是国家层面：富强、民主、文明、和谐。第二层面是社会层面：自由、平等、公正、法治。第三层面是个人层面：爱国、敬业、诚信、友善。关于社会主义核心价值观应该以什么样的态度和行为来体现，现在不少大学生往往找不到方向。爱国敬业是社会主义核心价值观的基本内容，也是公民个人层面应该践行的价值准则。鉴于高等学校思想政治教育工作的形式和内容创新需要时间和过程，当前不同思想文化观点交流交融交锋，特别是随着互联网等新的信息传播渠道的迅速发展，高等学校思想

---

① 习近平：《高举中国特色社会主义伟大旗帜 为全面建设社会主义现代化国家而团结奋斗——在中国共产党第二十次全国代表大会上的报告》，中国政府网站，2023年1月16日，http：//www.gov.cn/xinwen/2022－10/25/content_5721685.htm。

政治教育工作面临着许多新情况、新任务、新课题，当前大学生的文化课学习任务非常重，在日常学习生活中有针对性地开展教育和引导比较困难，爱国、敬业教育又往往流于内容空泛和形式主义，达不到预期规划的效果。

"师者，所以传道授业解惑也。"古往今来，教师是人类灵魂的工程师，是学生的指路明灯，承担着铸魂育人的神圣使命。高等学校思想政治理论课是落实立德树人根本任务的关键课程，思想政治理论课教师承担着塑造灵魂、塑造生命、塑造人的历史重任。

为适应新时代中国特色社会主义建设发展的需要，提高大学生的综合素质和就业竞争力，使学生成为既具备第一学位的专业知识，又精通日语，且能够流利自如地运用日语进行国际交流的实用型和复合型人才，中国农业大学按照立德树人的要求，于 2016 年秋季学期按照学校本科生培养的有关要求，在专业课教学中探索将爱国主义与敬业精神培养潜移默化地渗透到《日本影视欣赏》课程教学，对大学生进行品德熏陶。从 7 年多来的教学实践效果看，达到了预期目的，参加课程学习的大学生爱国意识和爱岗敬业精神都有明显提升，社会主义核心价值观教育行之有效。

二、爱国敬业教育融入《日本影视欣赏》教学的实践探索

（一）明确教学目的和教学探索切入点

《日本影视欣赏》课程坚持以社会主义核心价值观为导向，把爱国敬业教育从教学大纲的撰写开始就融入进去，精心挑选教学影视内容，精心组织教学，通过润物细无声的教学手法实施。经过教研室讨论，《日本影视欣赏》教学大纲定下了清晰的教学目标：通过一

学期《日本影视欣赏》课程的学习，要使学生借助对原声日语影视作品的分析与鉴赏，能够身临其境地了解日本影视作品中各类人物的对话，了解日本民族的现实生活状态、思维方式、风土人情、科学技术发展、地理地貌等特点，增强学生的学习兴趣，提高学生语言文化素养，促进学生在日常生活中灵活运用外语交流的能力，实现语言的深度学习，认知并深刻体会日本社会。培养知日学生的目的不是培养崇洋媚外的学生，是为了培养合格的有"中国芯"的爱国敬业的社会主义事业建设者和接班人。

在教学实施过程中，作为主讲教师，笔者首先查阅丰富的文献资料并进行周密的课前准备，其次辅以课堂内外对学生尽心尽力的引导，再加上安排全体学生参加的影视欣赏点评，使得教学内容环环相扣。具体授课中，笔者主导着把涉及日本社会文化、风土人情以及价值观部分同中国当代社会发展变化取得的成绩和中国文化因素中积极的方面作为教学探索的切入点，并展开对比分析。《日本影视欣赏》课程教学中恰如其分地对大学生开展爱国主义教育和敬业精神培养，既不牵强附会，也不生硬死板，都以学生喜闻乐见的方式实现了入耳入脑，取得了事半功倍的效果。

（二）丰富完善教学内容

《日本影视欣赏》课程总共有32个学时，设置了影视艺术概述、影视审美分类、影视鉴赏与批评、亚洲背景下的日本电影、日本电影史上的十大电影与导演、昭和电影、平成电影、新偶像电影以及日本影视剧的跨文化解读等专题。

在理论部分的"影视审美分类"专题中涉及悲剧内容部分。在介绍西方悲剧，尤其是讲解古典悲剧特点时，笔者重点强调从古希腊悲剧到莎士比亚悲剧及法国新古典主义悲剧，这些西方悲剧几乎专指那些以王公贵族、帝王将相或英雄伟人为主角，表现他们在奋斗的最后关头遭遇失败、牺牲或毁灭的作品，进而引发观众的悲伤与怜悯之情，唤起观众在悲伤之后的崇高感。其间，笔者提醒同学们需要注意的是：西方悲剧都带有贵族色彩。即使是西方后来的平民悲剧，依然在骨子里顽强地展示一种贵族派头。作为对比分析的例子，《窦娥冤》《牡丹亭》等中国古典悲剧特点是借助超自然力量完成对现实缺憾的情感弥补，强调中国古典戏剧的传统习惯是喜欢给悲剧加上一个喜庆的结局，制造团圆成为一个公式，表现出中华民族性格中善良的一面[1]，以此来增强学生对中华文化传统的认同感，把爱国教育主题活动通过大学生发自内心的文化认同来实现。

在"平成电影"专题讲解时，选择欣赏电影《编舟记》，重点强调敬业精神培养。《编舟记》是日本导演石井裕也2013年推出的一部作品，2014年获得第37届日本电影学院奖。该电影主要以东京某出版社的字典编辑室为中心，刻画马缔光也这个年轻的小伙子如何协助主编完成一部收录24万个词汇的大辞典。浩瀚的词语海洋，主人公与同事们甘于寂寞，用长达15年的时间编制一艘驶向彼岸的小舟（辞典），却也收获着弥足珍贵的幸福。《编舟记》最成功的地方，是把编辞典这样原本枯燥乏味的题材拍成有趣的喜剧。主人公马缔光也看起来木讷笨拙，但他好学勤奋、爱岗敬业、专心工作，办事不屈不挠，加上机缘巧合，在事业和爱情上高奏凯歌。从浩瀚的日本电影中选择这部节奏进展缓慢、时长达135分钟之久的影片的目的就是让同学们通过对电影版《编舟记》的欣赏，学习如何培养敬业精神，重在向大学生传达做一件事做到极致的敬业精神。敬业就是哪怕所选择的这份工作平凡又烦琐，哪怕这份工作在别人看来毫无未来可言，也依旧愿意付出所有精力和感情。一个人一辈子，

---

[1] 陈鸿秀：《影视基础教程》，中国电影出版社2016年版，第134—135页。

应该有些执念来支撑自己发展，只有这样，才能够甘愿听从自己内心的声音，专心致志地做出一些让自己一生无憾的事情。

为加深"敬业"精神教育，笔者又选择了同样主题的2008年在中国上映并受国人欣赏的日本电影《入殓师》。该片曾获第32届加拿大蒙特利尔国际电影节最高大奖、第81届奥斯卡金像奖最佳外语片奖等奖项。影片主要讲述大提琴手小林大悟因交响乐团意外解散，一下子跌入生活谷底，无奈之下携妻子离开东京返回乡下老家。电影极具有戏剧性的人生安排是，将主人公由大提琴手直接变成为生计所迫的入殓师。在世人和妻子的不理解中，他从入殓前的准备到满怀深情地为遗体穿衣化妆，手法精到，气氛庄严又静谧。展现了职业入殓师的技艺。[1] 该片音乐背景是大提琴曲，艺术化手法，表达一种对低微工作的尊重，煽情之余升华主题，象征着崇高艺术理想的交响乐团意外解散，全片让人印象深刻的当属日本匠人的"敬业"。课堂上笔者在主导学生进行电影评价之际，实事求是地肯定日本民族"敬业"和具有工匠精神的同时，把2016年和2017年连续两年《政府工作报告》提到的工匠精神内容引入课堂。2016年《政府工作报告》提出要"培育精益求精的工匠精神"[2]，2017年《政府工作报告》提出要"大力弘扬工匠精神"[3]。国家向全体中国国民发出了弘扬和践行工匠精神的呼唤，电影内容与党和国家的大政方针的有机结合，引起了学生共鸣。

中国历史上不乏工匠精神。从我国出土的数以万计的制作精湛

---

[1] 齐珮：《从电影〈入殓师〉看日本的"匠人"文化传统》，《电影文学》2010年第23期，第22—23页。

[2] 李克强：《2016年国务院政府工作报告——2016年3月5日在第十二届全国人民代表大会第四次会议上》，中国政府网站，https://www.gov.cn/guowuyuan/2016-03/05/content_5049372.htm。

[3] 李克强：《2017年国务院政府工作报告——2017年3月5日在第十二届全国人民代表大会第五次会议上》，中国政府网站，https://www.gov.cn/guowuyuan/2017zfgzbg.htm。

的文物上可以看出我国古代工匠们的专注和精益求精，工匠精神曾经在我们祖先的身上体现得非常充分。工匠精神作为一种优秀的职业道德文化，需要爱岗敬业，尽心尽力。工匠精神对于推动中国制造完成一场"品质革命"，用消费品质量标准的提升，倒逼全产业链升级具有重要的时代价值与广泛的社会意义。

通过《编舟记》《入殓师》这样的含有"敬业"精神主题的电影佳作欣赏，以及笔者把有关学术文章《日本匠人文化的形成、发展及当代意义》《作为职业道德常识的日本工匠精神研究》转发学生学习，学生普遍反映很好，既没有一般政治理论课的学习压力，也不觉得"爱国""敬业"主题空洞无味，在慢慢回味体会中，升华自己的"敬业"情结，树立自己的工匠意识和爱国情怀。[①]

（三）推进全方位的教与学互动

互动式教学是推动教师与学生、学生与学生之间共同交流探讨，相互间促进教与学的主要形式。《日本影视欣赏》课程7年多来的互动式教学主要采取了课堂内互动和课堂外互动两种形式，同时辅以师生多向互动的形式。

在课堂内教学互动中，笔者与参加课堂学习的学生进行交流沟通，师生关系非常和谐融洽，这不仅蕴含着积极的情感态度和思维碰撞，也成为实施互动式教学不可或缺的组成部分，得到学生的一致肯定。课堂内教学行为互动的基本类型是师生互动，以教师为主导的双向互动形式主要采取由教师提问、学生回答的课堂交流方式。这种互动，可以达到防止学生上课走神，促使学生紧跟课堂教学进

---

① 普书贞、崔迎春：《作为职业道德常识的日本工匠精神研究》，《日本问题研究》2022年第2期，第37—45页。

度的目的，某种意义上无形中发挥着抽查学生出勤情况的功能，一举多得。

《日本影视欣赏》的课堂外师生间互动形式也与时俱进，笔者充分利用现代信息技术，助力培育匠人文化形成。每学期开学初，笔者拿到学校本科生院（教务管理部门）提供的参加《日本影视欣赏》学习的学生名单后，在第一堂课上及时建立《日本影视欣赏》课程学习微信群作为学习交流的平台。学生在课程学习过程中遇到的问题，学习中的收获，对教学的意见，学习中产生的新观点、新看法等以文字、图片、语音、视频等形式上传到微信群内进行讨论学习。与此同时，作为任课教师，笔者直接公布个人电子邮箱和手机号、办公室地点，以便学生拥有与教师进行课堂外沟通交流的多种途径，达到教与学进一步相互促进的目的，这种课堂外互动也得到了学生的普遍好评。

多向教学互动是建立在教与学关系之上的课堂内与课堂外有机结合的学习方式，目的是通过同学们之间协作对话的学习交往过程，推进课堂教学目标的实现。[①]《日本影视欣赏》课程的多向教学互动行为主要表现为小组合作学习、探究性学习模式。根据参加《日本影视欣赏》课程学习的学生之间的自由选择组合，将学生划分为若干小组，每个小组一般3—5人来一起讨论和解决某一感兴趣的涉及《日本影视欣赏》课程内容的问题，要求每组必须在规定的15分钟内，在课堂上通过PPT集中展示小组学习交流活动成果。

教与学互动不仅增进了学习《日本影视欣赏》课程的学生之间的交流沟通，也促进了学生们之间的心灵碰撞，达到了意想不到的

---

① 段君：《当前课堂教学互动行为的障碍及优化策略》，《教育理论与实践》2017年第8期，第48—50页。

教学效果。一位学生在结课调查问卷中留言："通过课程学习和与其他同学的交流，了解了很多同学不同的想法，了解了更多的日本电影作品，对自己视野的开阔帮助很大。"还有不少学生提出："建议增加课程时间，方便课程教学，使内容更加丰富，种类更加多样。"实践证明，基于爱国敬业理念指导下的全方位的教与学互动，是推进教学方式和教学内容创新的一个成功探索。

（四）用实际行动落实爱国敬业教育的宏大主题

2018年，习近平总书记在北京大学师生座谈会上的重要讲话中强调："评价教师队伍素质的第一标准应该是师德师风。"[①] 传道者自己首先要明道、信道。"学为人师，行为世范。"教师的职业本身就是人类灵魂的工程师，是智慧、学识、科学的化身，教师的工作本质就是春风化雨、以德育德、以爱育爱，是一个示范、教化、引领的过程。教师一言一行的影响，远远超出了个人范围，要对学生的成长负责，对社会公众负责、对国家负责。高等学校的教师必须要把教书育人和自我修养结合起来，做到以德立身、以德立学、以德施教，引导广大青年学生树立正确的世界观、人生观、价值观。教师是新时代中国特色社会主义的传道者，不仅责任重大，而且使命光荣。党的二十大报告指出："有爱才有责任。好老师应该懂得，选择当老师就选择了责任，就要尽到教书育人、立德树人的责任，并把这种责任体现到平凡、普通、细微的教学管理之中。"

多年来，笔者作为一线教师始终坚持寓爱国敬业教育于日常教学工作的细小环节中，以身作则，通过自己的一言一行来发挥示范

[①] 习近平：《在北京大学师生座谈会上的讲话》，中国政府法制信息网，http://www.moj.gov.cn/pub/sfbgw/gwxw/ttxg/202101/t20210128_165619.html?eqid=93910e0f00016154000000000364648841。

作用。《日本影视欣赏》第一节课堂上，笔者要求每一名学生严格遵守课堂纪律，按时上课，不准迟到和早退。作为授课教师，从每学期的第一节课开始，笔者就坚持自己多年来养成的教学习惯——至少在规定上课时间前10分钟到达教室，做好按时到点上课的准备工作。

己所不欲，勿施于人。教师的一言一行，无论好与坏都极有可能成为学生的模仿对象，如果是积极的榜样行为则是好的结果，榜样行为催人上进。手机智能化时代，大学生每人一部智能手机已经司空见惯，甚至还有不少学生除此外还带着笔记本电脑或其他电子终端设备到教室使用，某种程度上影响教学的正常进行。要求学生课堂上不玩手机，授课教师首先要求自己做到课堂上不玩手机，学生才会给予理解和支持教师定下的规矩。专业课教师不仅担负着某一专业领域的"传道授业解惑"任务，而且某种程度上还有传递价值观与道德规范的责任，师德师风对于学生而言就是耳濡目染。要想培养出高素质的学生，教师就要与时俱进，不断改善教学方法，寓爱国、敬业教育于日常教学的每一个言行细节之中，适应现代教育教学事业的发展需要。

三、立足特色，延伸思政教育内容

7年多来，《日本影视欣赏》课程加强了课堂思政建设，强化了核心价值观引领。在教学中，通过挖掘专业课教学中的思政教育内容与素材，探索专业课教学与思政教育功能相结合的教学方法，将思想政治教育渗透到每一节课的教学中，确保专业课教育与思想政治课教育同向同行。《日本影视欣赏》课程中渗透爱国和敬业教育就体现在以合情合理的、学生乐于接受方式来教育引导大学生关心身边的人和事，热爱自己从事的工作和学习上，而不仅仅是停留在泛泛的标语和口号上。在布置学生提交的课程结课论文作业时，笔者积极鼓励参加课程学习的学生要在课堂外的时间充分利用具有思想政治教育功能的网络资料，实行开放性课程结课论文撰写，以培养学生学习和接受思想政治教育的积极性、主动性。中国农业大学专业课强化社会主义核心价值观在教学过程中引领的做法不仅在《日本影视欣赏》课程中进行了实践探索，而且在其他专业课上也进行了探索创新。2018年8月，教育部官方网站对中国农业大学专业课发挥思政功能的探索性做法进行了报道。①

学生是学校的主体，没有了学生，学校就没有存在的意义，从一切为了培养人出发，为了尽可能把课程建设好，争取最好的教学效果，《日本影视欣赏》课程在教学目的、教学内容、教学形式、教学方法等各个方面都进行了探索，取得了良好的教学效果。参加《日本影视欣赏》学习的学生在问卷调查中非常认真地写道："通过一学期的《日本影视欣赏》课程学习，我欣赏了几部日本经典电影，能够静下心来观赏文艺片，不像现在的一些爆米花电影，看个热闹后就不会有太大印象，课堂上看老师推荐的经典电影都有深刻内涵，会对人产生深远影响。""通过《日本影视欣赏》课程的学习，使我更加认识到一个国家传统文化的重要，更加想去了解中国优秀的传统文化，比如汉服和古琴。""以前看电影只是感性地观看，看剧情、看特效，参加本课程学习之后，在观看影片时，可以对影片的整体或片段做出自己的评价，对影片的艺术性、精神层面的内容能够做出一定的挖掘和褒贬。""电影欣赏课

---

① 《中国农业大学扎实推进课程育人》，教育部网站，http://www.moe.gov.cn/jyb_xwfb/s6192/s133/s146/201808/t20180831_346728.html。

上所看电影体现了对工作责任的重视，对亲情的独特表达，这些都对自己的世界观、人生观、价值观产生了影响。""通过欣赏电影《编舟记》及老师讲解，我再次感受到主人公的认真严谨，爱岗敬业，认识到自己在这个年龄段应该把握好自己的目标，并为之努力，认真奋斗。"

唐代杜甫《春夜喜雨》说："好雨知时节，当春乃发生。随风潜入夜，润物细无声。""随风潜入夜，润物细无声"的意思是：春雨随着春风在夜里悄悄地落下，悄然无声地滋润着大地万物。教育者应该使受教育者在潜移默化中受教育、受熏陶。教育这个特殊的职业，说到底是心灵的教育。世界上很多事情，最难做的还是心理工作。如何培养一代有理想、有本领、有担当的时代青年，习近平总书记指出："青年兴则国家兴，青年强则国家强。青年一代有理想、有本领、有担当，国家就有前途，民族就有希望。"[①] 这为切实做好思想政治工作指明了方向。高等学校思想教育工作如果还停留在传统的说教、标语口号宣传，以及简单、碎片化阶段方式方法的话，就无法应对急剧变化的社会以及自媒体时代传播手段多样化带来的新挑战。高瞻远瞩，于细微处着手，以"随风潜入夜，润物细无声"这种大学生喜闻乐见的方式方法把思想政治工作贯穿于教育教学全过程，全员育人、全程育人、全方位育人是不断提升思想政治教育质量，培养有理想、有本领、有担当的青年人才的有效途径。

通过看得见、摸得着的方式，中国农业大学在《日本影视欣赏》课程中首先开展了个人层面的"爱国""敬业"教育。推进开展个人层面的"诚信""友善"教育，以及第二层面即社会层面的

---

① 习近平：《决胜全面建成小康社会 夺取新时代中国特色社会主义伟大胜利——在中国共产党第十九次全国代表大会上的报告》，中国政府网站，https://www.gov.cn/zhuanti/2017-10/27/content_5234876.htm。

"自由、平等、公正、法治"内容的影视资料欣赏的选题准备已经开始；推进第一层面即国家层面的"富强、民主、文明、和谐"影视资料欣赏的选题准备也已经列入下一步教学改进工作计划。

文学类课程思政建设

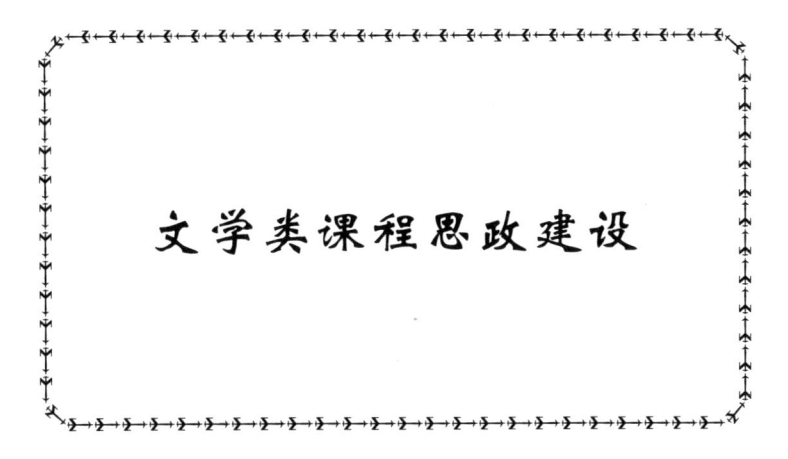

多元价值视域下的《罗生门》解读*

王书玮**

[摘　要]《罗生门》是日本大正时期著名作家芥川龙之介的代表作，自发表以来一直是国内外研究者关注的焦点，尤其是1950年被黑泽明搬上银幕并获得大奖后，其知名度更是迅速扩散到了世界范围。至今为止对这部作品的先行研究已有深厚积累，阅读角度亦是多种多样，然而还未有立足不同文化视角对这部1个世纪之前的作品进行解读。本文采用比较文学的方法，从日本、西方及中国视角对作品进行解析，以期发掘文本所传递的不同价值。

[关键词]《罗生门》　弗洛伊德　马斯洛　儒学

一、问题提起

芥川龙之介（1892—1927年）生于东京，是日本大正时期的代表作家。生后9个月的时候由于母亲精神失常而被送到舅父芥川家为养子。芥川家为旧式封建家族，家中藏书颇多，芥川在中小学时

---

* 本文为北京科技大学通识教育核心课程《日本文学名著赏析》（KC2021TS05）项目成果。
** 王书玮，北京科技大学外国语学院教授，博士，研究方向为日本近现代文学、中日比较文学。

代喜读江户文学及中国古典文学，也喜欢日本近代作家泉镜花、幸田露伴、夏目漱石、森鸥外等人的作品。1913 年进入东京帝国大学英文科学习，大学期间与久米正雄、菊池宽等先后两次复刊《新思潮》，并发表短篇小说《罗生门》《鼻》《芋粥》《手帕》等作品，其中《鼻》得到夏目漱石表扬，从而确立起其在文坛的新星作家地位。1916 年大学毕业后曾在横须贺海军机关学校任教，1919 年辞职进入大阪每日新闻社任职，1921 年以大阪每日新闻视察员身份来中国旅行，先后游览上海、杭州、苏州、南京、芜湖、汉口、洞庭湖、长沙、郑州、洛阳、龙门、北京等地，回国后发表《上海游记》《江南游记》《长江游记》《北京日记抄》，后集结成《中国游记》。自 1917 年至 1923 年，芥川的短篇小说先后六次结集出版，分别以《罗生门》《烟草与魔鬼》《傀儡师》《影灯笼》《夜来花》和《春服》6 个短篇为书名。1927 年他服毒自杀，年仅 35 岁。《罗生门》是芥川龙之介于 1915 年 11 月发表在《帝国文学》上的短篇小说，在芥川文学中占有非常重要地位。著名文学评论家三好行雄[1]对《罗生门》的评价如下：

> 在评论芥川历史小说的时候，是不允许无视《罗生门》这篇小说的。文章的结构和文体都经过无数推敲，到达了一个极高的境地。也就是说，这篇小说彰显了"新技巧派"作家的特质。（中略）以后的芥川论一定都是从讨论这篇小说开始，这并不是毫无道理的，就连作者自身也把它作为自己的第一部短篇集的标题作品，这足以显示出作者对这篇小说的爱惜和自负。

---

[1] 「「羅生門」鑑賞」、浅野洋編『芥川龍之介作品論集成 1　羅生門　今昔物語の世界』、翰林書房 2000 年版、第 7 頁、引用者訳、以下同。

基于此，在诸多关于芥川文学的研究论文中对《罗生门》的研究已经有了极为深厚的积累，如空间论角度研究、善恶论角度研究、环境决定论角度研究、老太婆角度、家将角度的研究等。然而，虽说至今为止关于《罗生门》的论文已经从多个角度进行了研究论述，但不无遗憾地说这部作品还是有很多问题未得到解决。《罗生门》到底传递了一个什么样的价值观？立足不同文化视角对《罗生门》的理解会不同吗？基于对上述问题的思考，本文将立足日本、西方、中国文化立场对这部作品做出解读。

二、《罗生门》创作特色

《罗生门》的作品舞台罗生门本来的名字叫作罗城门。是平安时代值得纪念的建筑物之一。秦刚在《读本 芥川龙之介》[①]的前言中对罗城门中的"城"字变成"生"字做了如下解释："虽是一字之差，'城'只是一个静态的实体空间，'生'则更富于动感和玄机，既是一种行为与意志的表示，也是一切生命存在的状态。"如上所述，《罗生门》正是这样的一篇富于"动感"和"玄机"的作品。在现在的日本京都市南区唐桥罗生门町，从一条叫作"九条"的大路朝北走的话就会看见一个小巧的儿童公园，在这个公园中立着一个柱子，柱子上刻着"罗生门遗址"，这里就是《罗生门》的作品舞台。故事讲的是某一天黄昏，被主人辞退了的家将在空旷破败的罗生门下避雨。因多年地震、飓风、火灾，京都也早已破败不堪，丢掉了工作的家将为了生计准备到京都讨生活。家将在罗生门下避

---

① ［日］芥川龙之介著，秦刚选编：《读本 芥川龙之介》，人民文学出版社2011年版，第1页。

雨的时候犹豫是否为了生存去做强盗，思考许久也下不了决心，最后决定在罗生门上过一晚再说。然而就在他要登上二楼的时候，发现楼上有个老太婆正在拔死人的头发，家将心中本能地燃起熊熊之火，他决不允许这种恶的发生，义愤填膺的家将把老太婆按倒，问她为什么要拔死人的头发，老太婆的回答却让家将决定弃善从恶，他立刻剥掉了老太婆的衣服消失在了黑夜中。

《罗生门》取材于《今昔物语集》第二十九卷的《盗人登上罗城门上层见死人语》，和原文进行对比后发现芥川加了很多对作品舞台及登场人物的描写，芥川的改写使得故事情节比《今昔物语集》丰满圆润了许多。除了尸体、乌鸦、破碎的石台阶以及台阶上的荒芜青草所呈现的阴森鬼气的作品舞台之外，对家将的隐喻性心理描写是作品最具特色的地方。首藤基澄[①]认为："逡巡踯躅的家将今后该怎么行动，也就是说家将如何拿出'勇气'来应对现实情况是整篇作品的重点。"三好行雄[②]也认为："《罗生门》的登场人物之间的错综复杂的心理体现了人类为了生存而上演的残酷自私的连续剧，所以小说的主题是随着家将的心理推移来揭露人类的自私心理的。"诚然，细读文本就会发现家将的心理活动以及心理活动影响下的行动是整个作品的关键所在，也是解读作品主题的关键所在。接下来通过表1分析家将心理活动的变化：

表1　家将心理变化

现实情况	心理活动
被解雇	决定去京都讨生活
罗生门避雨	思考明天的生计，犹豫是饿死还是不择手段地生存

[①] 「「羅生門」論－家将の行動を中心に－」、浅野洋编、『芥川龍之介作品論集成1　羅生門　今昔物語の世界』、翰林書房2000年版、第49頁。

[②] 同上。

续表

现实情况	心理活动
发现拔死人头发的老太婆	心中燃起正义之火，否定为了生计不择手段的想法
听了老太婆的"不拔头发就会饿死""这些人为了生存生前也做坏事"的人生哲学	决定为了生存不择手段
剥去老太婆的衣服，消失在黑夜中	决定去京都做强盗

通过表 1 中的描写，细心的读者会发现家将的心理随着现实环境的变化发生了一系列变化，而最重要的变化则是听了老太婆的人生哲学之后的变化。老太婆的一番话如下[①]：

> 拔死人头发，是不对，不过这儿这些死人，活着时也都是干这类营生的。这位我拔了她头发的女人，活着时就是把蛇肉切成一段段，晒干了当干鱼到兵营去卖的。要是不害瘟病死了，如今还在卖呢。她卖的干鱼味道很鲜，兵营的人买去做菜还缺少不得呢。她干那营生也不坏，要不干就得饿死，反正是没有法子嘛。你当我干这坏事，我不干就得饿死，也是没有法子呀！我跟她一样都没法子，大概她也会原谅我的。

引文中的"不干就得饿死，也是没有办法"等说辞显示了老太婆"为了生存而做恶"的人生哲学。这样的人生哲学对于为了生存正在迷茫的年轻人的人生选择起到了决定性作用，文中的家将毫不犹豫地按照老太婆所指明的"为了生存而做恶"的路线前进，他不

---

① ［日］芥川龙之介著，楼适夷、文洁若、吕元明译：《罗生门》，译林出版社 2010 年版，第 2 页。

再犹豫要不要做强盗，因为不做强盗他就会被饿死，这是"没办法"的事儿。在这个意义上，老太婆是家将的"人生导师"，在她的引导下家将完成了恶的正当化，老太婆的人生哲学也助长了恶的蔓延。接下来分别从日本、西方以及中国视角解析作品主题。

三、《罗生门》的三维解读

如果我们立足日本近代史的开端将文中的老太婆比喻为西方，年轻的家将比喻成日本去阅读这个文本的话，会发现阐释文本意义的另一个侧面。

1853年的佩里黑船来袭事件是众所周知的，而这次事件对于日本来说有着极为重大的意义也是不争的事实。佩里的目的是向日本政府提交美国总统美勒德·菲尔莫尔要求日本开放口岸的亲笔信，而坚持闭关锁国的德川幕府则是不愿意答应美国要求的。然而，面对拥有强大武力的黑船，幕府自然是不敢直接拒绝，全国上下也随之陷入一片恐慌。当时的日本与《罗生门》中陷入迷茫的家将一样，都不知道未来生存之路在何处。然而，为了生存，日本很快选择了与西方合作，陆续开放了港口，并进行了自上而下学习西方的明治维新。如果日本在那之后没有像西方一样发动掠夺殖民地的侵略战争的话，这个选择也是无可厚非的。然而，日本却学习了西方自大航海时代以来的殖民地掠夺战，首先瞄准了近邻的中国和朝鲜，发动了中日甲午战争（1894—1895年）之后又发动了为了争夺朝鲜半岛及中国东北的日俄战争（1904—1905年），并且于1915年向袁世凯政府提出了严重损害中国主权的"二十一条"，1931年又悍然发动"九一八事变"侵占了中国东北，直至1937年发动了全面侵华战争。从明治维新以来的日本的做法可以看出，西方即是日本人生道路上的导师，是决定了日本走上了做恶道路的始作俑者。芥川在《罗生门》的创作过程中对于走上西方资本主义道路的日本做了如下评价："我如同拨开迷雾看见新的东西，但不幸的是，这新的国度里净是丑陋的东西。"① 毋庸置疑，此处的"新的国度"即是充满"丑陋的东西"的明治维新之后的日本。芥川在1921年视察完中国回到日本之后，陆续发表了《将军》《桃太郎》等反战作品，旗帜鲜明地反对了日本帝国主义侵略战争。

接下来立足西方文化视角解读一下《罗生门》。众所周知，弗洛伊德的"三我"理论和马斯洛的需求层次理论不仅在西方世界，即使在全球范围内的影响也是巨大的。首先看一下"三我"理论示意图：

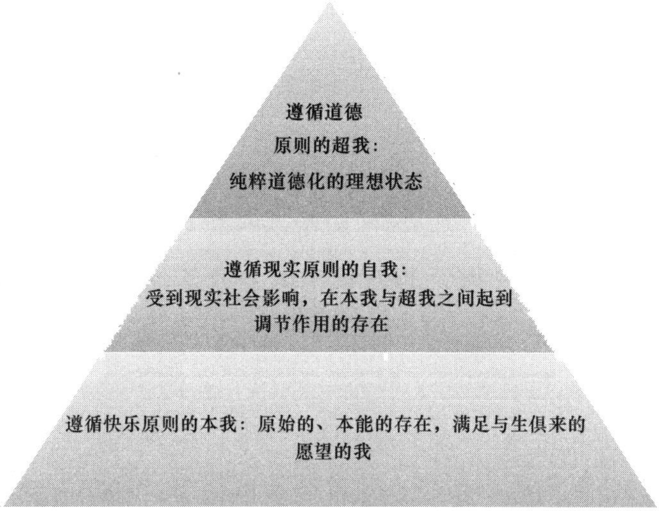

图1 "三我"示意图（根据《弗洛伊德文集（第9卷）自我与本我》② 绘制)

---

① ［日］芥川龙之介著，高慧勤、魏大海主编：《芥川龙之介全集》第5卷，山东文艺出版社2005年版，第87页。
② ［奥地利］西格蒙德·弗洛伊德著，车文博主编：《弗洛伊德文集（第9卷）自我与本我》，九州出版社2014年版。

从图 1 中可以看出，《罗生门》中家将的最终选择符合遵循快乐原则的本我的行事方式，也就是为了满足原始生存本能而选择了做强盗。当然，在做出最后选择之前，家将在超我与自我的约束下进行了思想层面的挣扎，原文①如下：

> 要从无办法中找办法，便只好不择手段。要择手段便只有饿死在街头的垃圾堆里，然后像狗一样，被人拖到这门上扔掉。倘若不择手段哩——家将反复想了多次，最后便跑到这儿来了。可是这"倘若"，想来想去结果还是一个"倘若"。原来家将既决定不择手段，又加上了一个"倘若"，对于以后要去干的"走当强盗的路"，当然是提不起积极肯定的勇气了。

从引文中可以看出，家将即便是"反复想了多次"后，对于做强盗还是"提不起积极肯定的勇气"。弗洛伊德指出："自我寻求把外界的影响施加给本我及其倾向，并努力用现实原则代替在本我中不受限制地占据主导地位的快乐原则。"② 家将提不起做强盗的勇气的原因即是原始的本我受到了现实的自我的压抑。而且家将的挣扎并没有仅仅停留在思想层面，面对老太婆拔死人头发的恶行，家将采取了实际行动进行了制止。然而，弗洛伊德认为："快乐原则长期存在，它是性本能所使用的一种工作方法，性本能是如此难以'教化'，而且，不论是从这些本能出发，还是在自我本身之

---

① ［日］芥川龙之介著，楼适夷、文洁若、吕元明译：《罗生门》，译林出版社 2010 年版，第 2 页。
② ［奥地利］西格蒙德·弗洛伊德著，车文博主编：《弗洛伊德文集（第 9 卷）自我与本我》，九州出版社 2014 年版，第 167 页。

中，它往往都能成功地克服现实原则，而对整个有机体造成损害。"①《罗生门》中老太婆的一番话则是让家将的本我成功克服自我制约的关键所在。

"三我"理论解释了家将的行动之后，还可以用马斯洛的需求层次理论进一步解释家将的行动。"需求层次理论"示意图如下：

图2 "需求层次理论"示意图（根据《动机与人格》② 绘制）

由图2可以看出，马斯洛需求层次理论中最基本的需求是生理需求，也就是生存需求。马斯洛认为："在所有需求中，生理需求占优势地位。具体而言，假设有一种最极端的情况，一个人的所有需求都没有得到满足，那么，他的主要动机最有可能是生理需求，而非其他。"③《罗生门》中家将剥掉老太婆衣服的行为就是为了满足其生理需求的选择。

如上所述，无论是按照弗洛伊德的"三我"理论还是马斯洛的

---

① ［奥地利］西格蒙德·弗洛伊德著，车文博主编：《弗洛伊德文集（第9卷）自我与本我》，九州出版社2014年版，第167页。
② ［美］亚伯拉罕·马斯洛著，颜雅琴译：《动机与人格》，台海出版社2021年版，第43页。
③ 同上。

"需求层次"理论,家将的选择都是无可厚非的。

最后我们立足于中国文化立场解读一下《罗生门》。冯友兰在《中国哲学简史》中指出,直至现代欧美的工业化侵入中国之前,儒学都是中国的正统哲学,它一直统治中国人的精神。儒学是社会组织的哲学,也是日常生活的哲学,它强调人的社会责任,其核心是"仁"①。儒学经过漫长的发展,至宋元之后《大学》②成为学校官定的教科书和科举考试的必读书目,其中规定的"三纲领八条目"对中国人精神及人格形成产生了极为深远的影响。此外,与《罗生门》中年轻家将对待老太婆的态度产生直接作用的是《孟子》中提出的"老吾老,以及人之老;幼吾幼,以及人之幼"③的名言,该名言亦影响着一代又一代的中国人的价值取向。除了上述学院派的经典作品,即便是对现代中国人产生巨大影响的大众文学中的主人公也多以儒学正统面目出现,如金庸所构筑的武侠世界中的大侠形象可以充分证明这一点。如果将《罗生门》中的家将置换为中国人,可以推测家将对待老太婆的态度则是全然不同的。

四、结语

塞缪尔·亨廷顿在《文明的冲突》④中指出:多元文化的世界是不可避免的,维护世界安全,则需要接受全球的多元文化性。从多元文化的视角出发阅读经典作品的时候常常会发现潜在于其中的

---

① 冯友兰著:《中国哲学简史》,北京大学出版社2013年版,第22页。
② 陈晓芬,徐儒宗译注:《论语 大学 中庸》,中华书局2011年版,第246页。三纲领指的是"明明德""亲民""止于至善",八条目指的是"格物""致知""诚意""正心""修身""齐家""治国""平天下"。
③ 方勇译注:《孟子》,中华书局2010年版,第12页。
④ [美]塞缪尔·亨廷顿著,周琪等译:《文明的冲突》,新华出版社2017年版,第376页。

不同的意义指涉，《罗生门》就是这样一部作品。立足于日本视角，会发现潜在于近代日本历史之中的道路选择之谬误。立足于西方视角，会发现潜在于其价值体系中的个人主义至上理论。立足于中国视角，则会发现潜在于其中的儒学价值体系对中国人的思想行为影响之深远。

数字人文时代《日本文学概论》课程思政的设计、实践与教学反思

李 莹[*]

[摘 要]《日本文学概论》课程由东亚汉字文化圈视域下的日本古典文学史和西方文学影响下的日本近现代文学史两部分构成。因知识层面与中国和世界的紧密联系，故非常适合如盐入水地开展课程思政，进行价值引领。本课程的思政设计首先遵循"基于学情设计"原则，而非单纯从知识体系联系和挖掘；同时引导学生从"历史、文化、语言、文学"综合层面"四位一体"地深度理解课程内容，从兴趣逐层深入到专业角度，为第三设计原则"非孤立的课程群原则"做好过渡和衔接。在人工智能时代狂飙式来袭、教育受到巨大冲击的变革时代背景下，本课程思政实践中积极引入数字人文研究理念，遵循"以学生为中心"的实践参与式课程思政设计原则，积极尝试虚拟仿真软件、对外交流实践等多种路径，响应教育部关于高等教育数字化改革的号召，充分发挥学习者的信息素养特长，开展参与式、交互式的思政实践。当然，对于课程思政教学目标达成度的考核和评价还不够科学和清晰，有待进一步研究。

---

[*] 李莹，大连交通大学副教授，硕士，研究方向为日本近现代文学研究、信息化教学。

[关键词] 日本文学概论　课程思政　设计原则　实践路径　教学反思

教育部《高等学校课程思政建设指导纲要》明确指出："立德树人成效是检验高校一切工作的根本标准。落实立德树人根本任务，必须将价值塑造、知识传授和能力培养三者融为一体、不可割裂。"日本文学概论课程由日本古典文学史和近现代文学史两部分构成，其中，古典文学史受到中国文学的深远影响，近现代文学史则是西方各种文学理论的"试验田"。知识层面与中国和世界的联系均非常紧密；同时，通过学习外国文学史，反观并重新认识中国文学、文化史，有助于学习者通过文化自知实现文化自信、寻求文化自强，是价值塑造的绝佳素材；学习日本文学史是提升人文素养、促进学科交叉能力的良好途径。因此，从知识传授、能力培养、价值引领三个层面来说，本课程均非常适合如盐入水地开展课程思政，提升课程的引领性、时代性和开放性。

一、《日本文学概论》课程思政的设计原则

（一）基于学情设计原则

《日本文学概论》课程思政点的深度挖掘和提炼当然需要依托专业知识体系，但又不能拘囿于单纯从知识体系挖掘，而是要在充分了解、分析学情的基础上，基于学情特点，结合专业知识，点面结合地进行课程思政设计，可以比较有效地避免课程思政教育的碎片化及刻板化。

就《日本文学概论》课程学习者的一般情况而言，通常具有以

下学情特征，即：

表1　《日本文学概论》学情分析

学情分析1	学情分析2	学情分析3
学习者多从对流行文化的兴趣出发接触到本课程，停留在表象，对课程中所蕴含的思想价值和精神内涵缺乏了解和思辨，知其然不知其所以然	相比于学习的专业诉求，学习功利性更强，但优势在于信息素养整体较高	呈现碎片化学习特征，联系、归纳、推断能力缺乏，问题意识不足

整体来说现实感知和文化自知不足，急需通过课程思政引领、培养现实关照和文化自信，从而打下跨文化交流的坚实基础。

从学情分析出发，不单纯追求高大上的榜样力量式的正面引导，而是充分"接地气"，因材施教，提炼挖掘课程知识体系中学生够得着的点、感兴趣的点、认知盲区中的点和与其原有认知存在差异的点，实践证明可以将学情与知识体系有机融合，达到较好的课程思政教育效果。

［教学案例1］：讲解"万叶假名"时，引入新海诚电影《言叶之庭》，从汉字之美引导学生了解东亚汉字文化圈的发展和流变过程，从而厘清汉字文化圈视域下的日本古典文学史所受影响，实现从囿于流行到专业层面的提升。

从学情出发进行课程思政设计，除了需要结合学情挖掘贴合度、接受度、提升度较高的思政"亮点"，还需要基于学情总体特点，规划清晰的课程思政融合"框架"，做到"点面结合"，设计者自身能清晰把握课程思政的目标框架，尽量避免思政教育流于碎片化或灌输式，从而激活思政亮点，使知识和情感产生联结，达到如盐入水的自然效果。

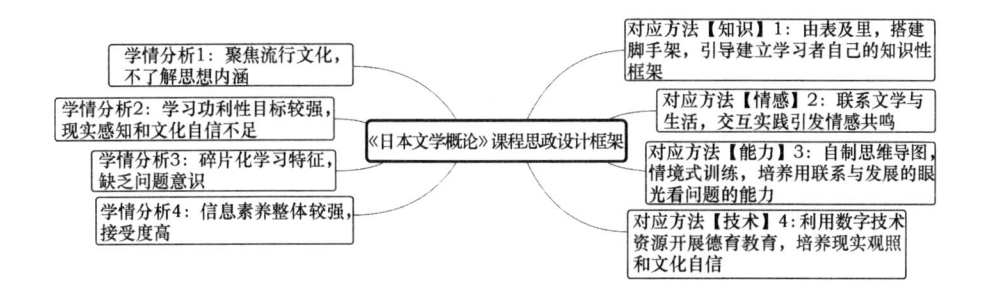

图1　《日本文学概论》课程思政的设计框架

(二)"四位一体"的新文科原则

日本文学概论课程思政的设计还遵循了"文学、文化、历史、语言"四位一体的"新文科、大外语"原则。

课程要求打破传统学习者单纯背记作家、作品、审美观、文学流派等单一知识点、缺乏深入思考的学习模式，而是以联系和发展的眼光，共同解读各个时期的不同历史背景下，什么样的文学土壤结出了何种文学果实。从作者的阶层、体裁的流变、作品审美观等综合考量加以理解，学习者自然而然就会适应"文学、文化、历史、语言"四位一体的思维方式，从而潜移默化地拓展课程的广度、深度和温度，帮助学习者破除"文学无用""日本文学浅薄"等认知误区，从而真正朝着"中国情怀、世界眼光"的人才培养目标迈进。

［教学案例2］：中古文学中讲到阿倍仲麻吕，与学习者共同鉴赏《百人一首》中阿倍仲麻吕的怀乡之作，对应欣赏李白为其所做的《哭晁卿衡》，请同学思考：中国通常把留学生出身的阿倍仲麻吕视作日中友好的代表人物，而日本民间多认为其是有家不能归的悲情游子形象。这样的人物像差异，产生的原因何在呢？要解答这个问题，就要从历史演变、文化背景等多方面进行解读，既启迪学习

者的文化自信，又激励其文化自强，专业学习和课程思政显隐互促，协同发展。

遵循"文学、文化、历史、语言"四位一体的"大外语"原则，从学生能力培养层面来看，刚好符合布鲁姆教学理论中"记忆—理解—应用—分析"的能力进阶规律，为学生的创新能力培养夯实基础。

（三）非孤立的课程群原则

日本文学概论课程思政设计还遵循了"非孤立的课程群原则"，并以教师为纽带，积极促进关联课程群的思政教育。以《日本文学概论》课程为例，其涉及到的先行和后续课程分别包括"高级日语""日本历史""日语分析阅读""日本文学作品赏析"等多门课程，其中，"高级日语"课程思政教育强调对日本和中国社会的现实了解和观照，"日本历史"课程思政工作强调日本与中国和世界的关联与相互影响，而"文学作品赏析"则侧重通过作品背景与特色的解读，增加课程的人文性，从而实现情感共鸣和价值引领。

相关课程教师通过校内集体备课、交流，校外参加虚拟教研室学习等活动，开拓视野，力求将课程思政工作系统展开，"三全"育人。

（四）交互参与原则

课程思政的设计者虽然通常主要是教师，但考虑到实际的教学效果，就必须遵循学生交互式、参与式的沉浸原则。否则，再精彩的课程思政教育，离开了与学习者的积极互动，也会变成教师的"独角戏"，教学效果大打折扣。

因此，日本文学概论课程设计了贯穿学习全过程的思政渗透，不但在教师讲授环节，在课堂讨论、网络交流、课程分组任务、作业、学习反馈、延伸实践等学习环节均体现了相应思政要素，通过思考、解决问题达到内化知识、提升能力、树立正确价值观的教育目的。

[教学案例3]：讲解中世文学时，时代背景部分从学习者耳熟能详的动画片《聪明的一休》导入，引导了解这一时期天皇、幕府将军、中下级武士、僧侣的社会地位变化，激发学习者兴趣，参与度和认同度非常高；之后的线上或线下讨论环节中，请学习者结合自身经历，举例谈谈对"无常"的理解。很多同学积极分享了自己生活中关于亲人、同学、疫情等"无常"的感悟，无形之中将抽象的文学概念和自身经历结合起来，代入感强，得出对爱人民、爱惜生命、正确面对挫折等问题的深刻理解；课后分组任务中小组共同完成的电子杂志作业，通过自主表现对中世"无常"文学观的介绍和理解这一主题，促进协作学习，提升信息素养。全过程学习均以学习者参与式、沉浸式的方式进行，相比教师的单向灌输，明显收效良好。

二、《日本文学概论》课程思政的实践路径

（一）搭建"脚手架"的全过程学习

专业学习和课程思政是相辅相成、互相促进的关系。专业学习培养问题意识，引导学习者聚焦"东亚汉字文化圈"视域下的日本古典文学史，同时能够着眼东西方文化交融中的日本近现代文学史；而课程思政教育激发学习者的内驱动力，促进真正的学习发生。因

此，本课程以专业知识体系为经，课程思政教育体系为纬，为学习者搭建覆盖全过程学习的"脚手架"。教学中具体体现为：第一，破冰期，预热，为课程思政的设计与展开打好基础。通过问卷调查、教师与学生双向"Say Hi"等活动，充分了解学生相关学习基础、学习及情感需求，将教学要求和目标具体分解、明晰化，与学生签订电子版"学习计划书"，规划学习路径；第二，展开期，线上部分，推荐独立小规模限制性在线课程（SPOC）课程和优质慕课、B站资源等，便于学习者在线下自主学习。通过线上讨论和作业等形式，有意识引导接触思政点；线下部分依据学情，课堂尽量课堂平权，精讲留白，以课程知识体系为依据，展开有方向的、比较充分的纵深讨论，共同总结问题，寻求解决办法。第三，再出发期。以课程思政教育促进学生寻求自我价值实现和社会担当，从而以文学概论课程的学习作为个人终身学习的出发点。即本门课程的结束，恰恰接续着新的学习历程的开始。由此推进学习者个人持续学习的闭环式成长。

（二）基于"文理结合"的数字化资源共享与应用

2022 年 12 月 2 日，教育部发布《教师数字素养》教育行业标准，明确提出："教师应用数字技术资源促进学校家庭社会协同育人的能力，包括学生数字素养培养，利用数字技术资源开展德育、心理健康教育，以及家校协同共育。"

习惯碎片化、图像化学习方式，数字素养整体较高，是"00后"学习者非常重要的共同特征之一。据此，在本门日本文学概论课程的思政设计中，充分考虑并发挥了学习者的这一特征，笔者与学生共同设计了"歌舞伎《杨贵妃》虚拟仿真教学软件"，既弥补了文学类实验环节的空白，又通过数字化方式有效推进了思政育人。

[教学案例4]：依托移动端"歌舞伎《杨贵妃》虚拟仿真教学软件"，通过亲手画眉深入了解并归纳人物性格；演员入场的花道、可360°旋转的歌舞伎舞台，均可沉浸式体验穿越时空的日本戏剧文化；"在天愿作比翼鸟，在地愿为连理枝"的日文唱词通过卡拉OK打分的方式吸引学习者互动式学习。通过多模态学习，非常自然地引导学习者思考同为亚洲戏剧姊妹花的日本"歌舞伎"与中国"京剧"的相互关联。而《杨贵妃》这一剧目的选择，也将京剧梅派艺术与歌舞伎与时俱进的渊源娓娓道来，帮助学习者厘清中日传统文化的交流与交融，从而润物细无声地实现价值引领。

通过对日本文学概论的学习，促进学习者反观本国文化，站在异文化的不同角度，通过对比与反思，进一步加深对本国传统文化的理解与认知，从而促进部分学习者有可能实现从"文化自知"到"文化自信"、"文化自强"的学习发展路径。

实践证明，以数字技术赋权被称为"数码时代原住民"的当代大学生，可以更自然地促进文理交叉，培养学习者的数字化意识和基本科研素养，从现实生活中时时处处汲取养分，实现德育教育中的数字化协同育人（图2）。

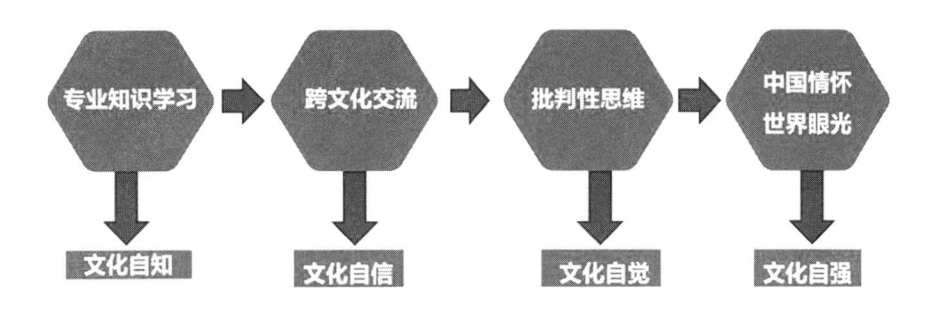

图2 《日本文学概论》课程思政的学习者提升路径

（三）"师生学习共同体"为基础的价值引领

本门课程思政的目标包含两个层面，教师层面，通过课程思政的设计与实践，"深度挖掘提炼专业知识体系中所蕴含的思想价值和精神内涵，科学合理拓展专业课程的广度、深度和温度，从课程所涉专业、行业、国家、国际、文化、历史等角度，增加课程的知识性、人文性，提升引领性、时代性和开放性"。学生层面，则需要通过课程学习，在夯实知识体系的基础上，达到情感共鸣与激励、能力素养锻炼与提升的人才培养目标。由此可见，在任何课程的思政实践中，教师和学生都应是一个整体，才能避免课程思政教育的"独角戏""两层皮"现象，切实保证课程思政教育真正落地、有效。因此，《日本文学概论》课程的思政教育实践中，力求以"师生学习共同体"为基础，来实现"中国情怀、世界眼光"的复合式外语人才的价值引领目标。

［教学案例5］：组织已毕业学长和在校生的学习共同体，共建"我身边的文学"资料库。在校生就地取材，通过社会实践调查、采集夏目漱石、森鸥外等作家在旅顺活动的相关轨迹资料，制作文学地图，分析、研讨其访华记录资料；在日学长实地拍摄并讲解樋口一叶文学遗迹、太宰治墓等文学现场，在学习者之间形成有效联结，使学习者体会到文学研究的包容性、与现实的关联性及终身学习的必要性。

实践表明，依托"朋辈学习""学习共同体"的课程思政教育有效提升了学习者的信任感和参与度，取得了良好的思政教育效果。学生普遍从对于日本流行文化的浅层兴趣层面，深入综合所学、追求"知其所以然"的研究层面，彼此交流和研讨，促进问题意识提升，学习者能够以更加专业、自信、开放的心态进行跨文化交流。

三、《日本文学概论》课程思政的教学反思

（一）课程思政教学设计"因人而异"的利与弊

任何一门课程的思政教育设计，目前还是教师居于主导地位。教师的个人经历、学术视野、认知水平、信息化层次与思政设计、实践效果等息息相关，绝不可能"整齐划一"。这种"因人而异"的思政设计与实践，优点在于避免了思政教育的形式简单、僵化，经由教师的消化吸收，思政教育有可能呈现形式各异、主题归一的良好态势，但同时也存在思政教育效果大打折扣的潜在风险。实际教学中，教师因教学理念、思政意识、个人风格等差异，在具体的思政实践中可能存在只敢正面激励，不愿触及问题、方式单一，灌输为主、痛点讨论，缺乏引导能力等各种现象，因此失去学生的信任，导致思政教育效果欠佳。

我们必须认识到，在人工智能飞速发展，"百年未有之大变局"的时代，大学绝不是单纯知识传授的"象牙塔"，课程思政也不是教师被动的教学任务，而是教师自身与时俱进、终身学习、真正理论结合实际去解决问题的绝佳契机。如果能够达到这样的认知水准，教师自身率先垂范，展现社会责任和时代担当，那么教师本身就是很好的思政教育范例，才能在知识传授之外，实现对学习者的情感支持和价值引领。

尤其在人工智能深刻影响外语教育的时代大背景下，"面对智能机器人程式化、模块化等似是而非的外语答问，让学生进行基于批判性思维的训练、鉴赏与评价，在修改、润色中彰显自己的人文特质和创新优势，提升自己的艺术审美水平和道德伦理高度等这些人

类独有的重要人文素养",这些目标均迫切呼唤高水平、全方位的思政教育。而在此过程中,教师更是义不容辞地要成为"思辨能力培养者、知识学习促进者、技术应用指导者、学习过程陪伴者和情感呵护者"。

(二)课程思政教学反馈对教学设计的优化效果滞后

既然课程思政教育的最高境界是润物细无声,加之教育效果显现的滞后性特征,那么就很难量化、及时地收集到对于课程思政教学的效果反馈,从而导致通过反馈和反思优化教学设计的效果滞后。

同时,因为学习者具备各自鲜明的个体特征,所以对于课程思政教育的接受路径、效果均会呈现出个体差异,相比知识型学习,更加需要"因材施教"。因此,关于通过反馈来优化教学设计的滞后性如何改善这一教学反思,还是任重道远的课题。

(三)课程思政教学目标达成度的考核和评价

涉及素养和能力层面的教学目标达成度考核与评价,向来都是难点。课程思政教育的目标很多是隐形的、感性的、长期显现的,因此除了常规的作业分析、竞赛成果、实践感悟等之外,如何科学、可视化地生成课程思政教学目标达成度的考核和评价模型,确定比较明晰的考核及评价标准,也应作为今后的重要课题加以研究。

总体来说,日本文学概论的课程思政实践表明,学生学习兴趣、关联能力及终身学习意识得到整体提升;思政元素的挖掘虽仍主要停留在教师设计阶段,但已开始吸收学生反馈来优化教学设计;与时俱进的课程思政教育与教师个人素养及持续学习密切相关。未来的智能化时代,课程思政教育作为全人教育不可分割的一部分,在充分发挥学习者人文素养，引领其从"小我"到"大我"，培养历史使命和社会责任感等方面将凸显更加重要的作用，产生更为深远的影响。

参考文献

［1］教育部关于印发《〈高等学校课程思政建设指导纲要〉通知》，教育部网站，2020年5月28日，http：//www.gov.cn/zhengce/zhengceku/2020-06/06/content_5517606.htm。

［2］《教师数字素养》，教育部网站，2022年12月2日，http：//www.moe.gov.cn/srcsite/A16/s3342/202302/t20230214_1044634.html。

［3］文秋芳：《大学外语课程思政的内涵和实施框架》，《中国外语》2021年第2期。

［4］张敬源、王娜：《外语"课程思政"建设——内涵、原则与路径探析》，《中国外语》第2020年第5期。

［5］王作冰：《人工智能时代的教育革命》，北京联合出版有限公司2017年版。

高校《日本古典文学选读》课程全方位课程思政建设实践*

李丽娜**

[摘　要] 依据习近平总书记在全国教育大会上的讲话和《高等学校课程思政建设指导纲要》要求，济南大学《日本古典文学选读》课程在教学大纲中明确提出思政目标，注重课前、课堂教学和课后全方位进行课程思政建设。本文以《土佐日记》为例展示了全方位课程思政建设教学设计方案。课前教师在智慧树平台发布学习资源；学生通过线上资料的学习，熏陶于中国传统文化，感受中国文化的博大精深。课前学生在查找资料过程中，了解中国古典文学、传统文化对日本文学的影响，感受中国文化强大的国际影响力。课堂教学以学生发表、师生互动为主，辅以教师讲解，加深学生对作品的理解，增强民族自豪感，引导学生树立正确的人生观、价值观。课后思政作业实现了教师与学生"一对一"的思想交流，进一步达成课程的思政目标。

[关键词]《日本古典文学选读》课程　课程思政建设　《土佐日记》

---

* 济南大学校级教研项目《日本古典文学选读》课程思政建设研究（项目编号 JZC2013）和济南大学2022年度课程思政示范课建设立项（课程编号 KCSZ2209）阶段性成果。

** 李丽娜，济南大学外国语学院日语系讲师，硕士，研究方向为日本古典文学。

2018年9月10日，习近平总书记在全国教育大会上指出："要把立德树人融入思想道德教育、文化知识教育、社会实践教育各环节。"[①] 2020年5月28日，教育部颁布的《高等学校课程思政建设指导纲要》（以下简称《纲要》）提出："落实立德树人根本任务，必须将价值塑造、知识传授和能力培养三者融为一体、不可割裂。全面推进课程思政建设，就是要寓价值观引导于知识传授和能力培养之中，帮助学生塑造正确的世界观、人生观、价值观，这是人才培养的应有之义，更是必备内容。"[②] 课程思政价值引领实质上是精神引领，通过充分挖掘课程知识中蕴含的思想政治教育元素，在传授专业知识的过程中潜移默化地塑造学生的价值观，提高学生的文化素养。课程思政可以增强学生的政治认同、思想认同和文化认同，内化社会主义核心价值体系，最终转化为爱国爱党爱社会主义的实际行动。依据习近平总书记的讲话和《纲要》要求，本校日语专业《日本古典文学选读》课程组重新修订了课程教学大纲，完善了授课计划，全面开展课程思政建设实践。

一、基本概况

《日本古典文学选读》课程是高校日语专业的素养课程，旨在提高学生的日本文学，特别是日本古典文学的专业素养，扩大学生的日本古典文学视野，提高鉴赏日本古典文学的能力，了解日本民族的思想文化与风土人情。日本古典文学深受中国文化的影

---

① 习近平：《坚持中国特色社会主义教育发展道路 培养德智体美劳全面发展的社会主义建设者和接班人》，人民网，2018年9月11日，http://politics.people.com.cn/n1/2018/0911/c1024-30284697.html。

② 教育部关于印发《〈高等学校课程思政建设指导纲要〉的通知》，中国政府网站，2020年6月6日 http://www.gov.cn/zhengce/zhengceku/2020-06/06/content_5517606.htm。

响，引导学生了解这些影响，可以让学生认识到中国传统文化的魅力和国际影响力，增强民族自豪感和文化自信。本校该课程将知识传授、能力培养和价值塑造三个目标有机结合起来，重新修订了课程教学大纲，首次把思政目标明确写进了教学大纲，并突出其重要地位。

在教学大纲的教学安排中，每一课规定了明确的思政目标，在每次课堂教学中更加细致地设计了思政内容。课程的教学内容主要分为七讲：第一讲文学史概观，让学生从宏观上了解中国古代文学史概观；第二讲至第七讲依据体裁进行分类，分别为说话文学、物语文学、随笔文学、日记文学、和歌和俳句，主要学习作家、作品受中国文学文化的影响，鉴赏名家名篇的经典篇章。在讲解作家、作品时，会涉及日本作品对中国古代文学的引用、改编等，也会看到中国思想文化对日本作品的影响。通过这些学习，可以引导学生进一步了解中国古代的优秀文学作品和优秀传统文化，让学生感受到中国文化的博大精深，自豪于中国文化国际影响力之大，从而强化对中国文学文化的认同感，提升民族自豪感，深化爱国情怀，激发学生自发自觉地弘扬我国优秀传统文化的积极性，更好地讲好中国故事。在鉴赏作品涉及具体内容时，会和学生探讨人生、交友、自然等，引导学生树立正确的人生观、价值观。比如在讲《枕草子》开篇"四季美"时，和学生讨论人与自然的关系，引导学生树立正确的自然观。

二、课程思政建设教学设计

该课程采用混合式教学模式，使用智慧树、QQ群等网络平台与工具和课堂教学相结合进行教学。智慧树主要用于发布学习资源，包括来源于人工智能资源库的与本课程讲授内容相符的一些扩展材料、教师上传的一些课外资料和教师的课件。QQ群主要用于平时发送通知、课件，发布作业相关信息，进行辅导答疑。该课程注重在课前、课中和课后三位一体全方位地进行课程思政建设，让学生自主自觉地感受中国传统文化的魅力，增强民族自豪感，在学习的过程中树立正确的人生观和价值观。

（一）课前

课前教师在智慧树平台发布学习资源，主要包括来源于人工智能资源库的与本次课程讲授内容相符的一些扩展材料和教师上传的一些课外资料。教师会根据教学内容，在智慧树平台上指定与本次课程相关的线上资料让学生进行线上自主学习。相关资料主要来源于智慧树平台的资源库，比如中日文学关系、中国传统文化、中国古代文学等内容的资料。学生通过线上资料的学习，熏陶中国传统文化，感受中国文化的博大精深。

前一次课程结束后教师会布置下次课堂要发表的内容，基本包括作品的内容、作者、与中国文化的关系等问题，要求所有学生进行资料的查找，并指定部分学生制作PPT并发给教师，在课堂上进行发表讨论。学生在查找资料的过程中，特别是在查找与中国文化关系资料的过程中，会了解到不单是中国古代文学对日本古典文学影响深远，还会发现中国传统文化对日本古典文学亦有巨大影响。这会让学生无形中感受到中国文化强大的国际影响力。

（二）课堂教学

课堂教学以学生发表、师生互动、生生互动为主，辅以教师讲解。学生课堂上利用 PPT 进行发表，教师进行点评。

每堂课内容特别是学生的发表内容中会涉及到作品与中国文化的关系，因此在涉及到与中国文化相关内容时，会针对该问题进行小组互动，然后形成一个观点以小组为单位进行发表，最后，教师根据大家的互动进行点评。针对某些问题教师也会通过提问的方式进行师生互动。通过互动讨论，学生能够更清晰地认识到中国文化对异域文学文化的巨大影响，更深刻地感受到中国文化的博大精深，进一步加深对中国文化的理解，增强民族自豪感。在这种氛围里，通过这种润物细无声的方式，提高学生的文化自信。比如讲到《源氏物语》中引用白居易的诗歌，课堂上会讨论日本人喜欢白居易、引用白居易诗歌的原因，从该问题出发探讨白居易诗歌的特点，并进一步体会中国诗歌之美，让学生在课堂上很自然地感受中国古代文学的熏陶。日本古典文学不仅受到中国文学的影响，也受到中国文化的影响。讲《源氏物语》创作背景时会涉及汉字对日本假名的影响，课堂上让学生讨论汉字之美、汉字文化圈、汉字的国际影响力，在讨论学习的过程中自然而然地感受到中国文化的魅力，增强文化自信。

作品鉴赏环节主要侧重对人生观和价值观的课程思政建设。讲解作品内容、分析作品主题时，教师会挖掘与教学内容有密切关联的适当的思政内容，通过讲解、讨论等方式进行课程思政建设。比如鉴赏《枕草子》的开篇"四季美"时，教师与学生一起探讨作者对自然的认识，引导学生正确认识自然，思考与自然和谐共处的重要性及方法等。在鉴赏《方丈记》时，引导学生讨论无常和生死；鉴赏《徒然草》时，引导学生探讨人生的价值。

（三）课后

课后布置与课程思政建设内容相关又结合教学内容的感想文作业。学生写完后通过 QQ 单独发给教师，可以手写，可以打印，可以是文件形式，也可以是图片形式；教师进行批改并反馈给学生。学生在写的过程中可以加深对教学内容的理解和巩固，进一步厘清自己的思想认识；教师在批改的过程中能够了解学生对课堂教学内容的掌握情况和学生的思想认识情况，并通过反馈进一步引导学生。

课后的思政作业实现了教师与学生"一对一"的思想交流，进一步达成了课程的思政目标。

通过课前自学熏陶、课堂教学跟随教师切身感受、课后写感想文加深理解，学生在润物细无声的全方位课程思政建设中感受中国传统文化的魅力，增强文化自信，树立正确的人生观和价值观。

三、典型案例分析

《土佐日记》是日本平安时期纪贯之撰写的旅行日记，记录了纪贯之结束土佐县令任职后从土佐回京都路途中的所见所闻。《土佐日记》开创了日本日记文学的先河，对该时代的女流日记产生了重大影响。本文以《土佐日记》为例，展示《日本古典文学选读》课程在课前、课中和课后三位一体全方位课程思政建设的设计方案。

（一）课前

课前教师在智慧树平台发布学习资源，主要包括来源于人工智能资源库的与本次课程讲授内容相符的一些扩展材料和教师上传的一些课外资料。本次课程教师要求学生观看、学习中国传统文化中的汉字印记、诗词美学、民俗风情等内容和中国古代文学中的先秦两汉散文、唐诗等内容资料。学生通过线上资料的学习，了解汉字的产生和发展、中国诗词的历史和名篇、中国古代春节期间的习俗等内容。

课前学生要准备课上发表。《土佐日记》这次课程的发表包括《土佐日记》的内容、作者纪贯之的简介、《土佐日记》与中国文化的关系等问题，要求所有学生进行资料的查找，并指定3名学生每人认领一个问题制作PPT并在课堂上进行发表。学生在查找资料的过程中，会了解到中国古诗和中国传统习俗对日本古典文学和日本人的生活有巨大影响。学生会无形中感受到中国文化强大的国际影响力。

（二）课中

课堂教学中，以学生PPT发表、师生互动为主，辅以教师讲解。本次授课时长2个学时（100分钟），第1学时授课内容包括《土佐日记》简介、作者、写作背景、文学史地位等作品相关基础知识和《土佐日记》受中国文学文化的影响；第2学时主要鉴赏《土佐日记》开篇几天的日记内容。

第1学时前20分钟，首先学生发表《土佐日记》内容梗概、作者简介、作品影响等，然后进行师生互动，通过问答方式讲解作者假借女性撰写《土佐日记》的原因。最后教师提出纪贯之极力提高和歌与假名的地位，尽力排斥汉文学的影响，那么《土佐日记》还会不会受到中国文学文化的影响这一问题，此问题与刚才的内容形成鲜明对比，引起学生的兴趣和注意，为下一部分的学习做铺垫。

第1学时后30分钟进行作品受中国文学文化影响的学习。首先关于《土佐日记》是否受到中国文学文化的影响，学生进行发表，探讨《土佐日记》与中国文学文化的关系。学生发表后，教师进行补充说明并总结。《土佐日记》在体裁上受到汉文日记的影响，写法上受到唐朝李翱撰写的《来南录》的影响；语言表现受到中国六朝四六骈体文的影响；全文多处引用、借鉴汉诗文和汉文书籍；记载了白马会、喝屠苏酒等多项传入日本的中国习俗。然后分组讨论，关联社会背景，讨论中国文学文化是怎样被吸收、借鉴到《土佐日记》的，中国文学文化是怎样影响日本文学的，中国传统文化的魅力是如何体现的等问题。通过本部分的学习，学生可以了解到作者极力避免汉文学文化的体现，但全文随处可见汉文学文化踪迹，从而切身认识到中国传统文化的魅力和国际影响力。

第2学时鉴赏《土佐日记》。开篇几天日记主要记载从土佐出发返回京都时，大家为纪贯之一家送行的场景，描写了人与人之间的关系。此时教师组织学生讨论人与人之间的关系以及怎样交友。通过本部分的学习，引导学生树立正确的交友观。

（三）课后

《土佐日记》课后布置的思政作业是结合《土佐日记》内容，谈一谈交友观。现在社会复杂，网络发达，学生在交友过程中可能会交友不慎、遇人不淑，可能会被网友欺骗，遇到各种各样的问题。

本次思政作业的主要目的就是引导学生树立正确的交友观，端正交友态度，学会交友。

通过批改作业，教师了解到学生对《土佐日记》掌握得还算不错，也能认识到结交朋友的方法和对朋友的态度，在作业里与老师探讨交友之道。课后的思政作业实现了教师与学生"一对一"的思想交流，进一步达成了课程的思政目标。

四、课程效果与存在问题

课程思政建设是新文科、回归人文理念的必然要求，立德树人是日语专业教学的核心任务。因此，我们要发挥日语专业教学过程中的价值引领作用，挖掘专业课程的思想政治教育资源，在隐性课程中根植理想信念，实现知识与价值的同频共振。

通过这几年日本古典文学选读课程思政建设实践，我们取得了一些成绩，2020 年获批校级教研项目"日本文学选读课程思政建设研究"，2021 年被评为校级课程思政优秀教学案例，2022 年获得济南大学第一届课程思政教学比赛优秀奖，获批济南大学 2022 年度课程思政示范课建设立项。

《日本古典文学选读》课程组在该课程开课之初和课程结束时会让学生填写同一份问卷调查，以此了解课程思政建设的效果。第一题调查的是《日本古典文学选读》课程与思政建设的关系问题，有约 65% 的学生在开学之初认为没有关系或者只有一点关系，但是经过一个学期的学习，这一比例已经降到个位数。第三题调查的是增强民族自豪感的问题，认为学习了该课程后会增强民族自豪感的人数由开学之初的 50% 增加到 100%。第四题是"认为学习了《日本古典文学选读》课程后，会加深对中国文学的认识吗？"，认为会加深对中国文学认识的人数由开学之初的65%提升到100%。第六题调查的是中国文学对周边国家的文学的影响问题，认为中国文学对周边文学有很大影响的人数由开学之初的60%提高到97%。通过该问卷调查，可以明显感受到学生的思想转变，充分反映了课程思政建设的效果。

在教学实践的过程中，也暴露出一些问题，主要是教师自身的思政水平有待进一步提升。这就要求教师们在平时多多加强思政内容的学习，不断提升自己的思想素养和专业素养。

文化类课程思政建设

《日本概况》课融入课程思政的探索与分析

王　刚[*]

[摘　要] 在高校外语专业进行课程思政改革具有非常重要的现实意义和必要性。大学日语专业的《日本概况》课是一门受众较广的专业课，本文以《日本概况》课为探讨载体，挖掘和建立课程思政元素，借助多种教学模式和教学方法的挑战，将思政教育有机地融入教学实践，在传授专业知识的同时开展学生思想政治教育，增强学生的爱国主义精神和四个自信等责任感和使命感，实现立德树人的根本目标。

[关键词] 课程思政　日语专业　日本概况课　立德树人

一、进一步认识新时期课程思政在人才培养中的重要性

在我国进入社会主义新时代面临世界百年未有之大变局的关键时期，人才竞争已经成为世界各国发展社会经济的核心方式。党的二十大报告明确指出："教育、科技、人才是全面建设社会主义现代化国家的基础性、战略性支撑。"大学作为培养人才的主要阵地的重

---

[*] 王刚，国际关系学院外语学院日语系副教授，博士，研究方向为日本历史文化。

要作用日益凸显。

习近平总书记在党的二十大报告中指出："教育是国之大计、党之大计。培养什么人、怎样培养人、为谁培养人是教育的根本问题。育人的根本在于立德。全面贯彻党的教育方针，落实立德树人根本任务，培养德智体美劳全面发展的社会主义建设者和接班人。"这是以习近平同志为核心的党中央在全面总结新时代党领导人民教育事业取得新的历史性成就、发生新的历史性变革的基础上，对迈上全面建设社会主义现代化国家新征程的教育事业作出的总体要求，深刻阐释了新时代中国特色社会主义教育事业的发展方向和基本原则，对于我国加快推进教育现代化、加快建设教育强国、促进人的全面发展、实现第二个百年奋斗目标，具有非常重要的指导意义。

党的十八大以来，以习近平同志为核心的党中央立足新时代中国特色社会主义现代化建设事业全局，高瞻远瞩地明确教育是国之大计、党之大计的历史方位，坚持把服务中华民族伟大复兴作为教育的重要使命，把立德树人作为教育的根本任务，把培养德智体美劳全面发展的社会主义建设者和接班人作为教育的光荣使命。

为实现党的教育目标，必须大力进行教育改革，为我国社会主义伟大事业的建设提供更加有力的人才支持和智力支持。我国是中国共产党领导的社会主义国家，这就决定了我们的教育必须把培养社会主义建设者和接班人作为根本任务，培养一代又一代拥护中国共产党领导和我国社会主义制度、立志为中国特色社会主义奋斗终身的有用人才。这是教育工作的根本任务，也是教育现代化的方向目标。

为更好贯彻习近平总书记对高等教育和人才培养的殷切期望和要求，教育部制定并印发了《高等学校课程思政建设指导纲要》（本文简称《纲要》），对高校人才培养有进一步的阐述，指出：落实立德树人根本任务，必须将价值塑造、知识传授和能力培养三者融为一体、不可割裂。全面推进课程思政建设，就是要寓价值观引导于知识传授和能力培养之中，帮助学生塑造正确的世界观、人生观、价值观，这是人才培养的应有之义，更是必备内容。这一战略举措，影响甚至决定着接班人问题，影响甚至决定着国家长治久安，影响甚至决定着民族复兴和国家崛起。

2016年12月，习近平总书记在全国高校思想政治工作会议上指出，要将思想政治工作贯穿教育教学全过程，为学生的发展奠定科学的思想基础；要使各门课程与思想政治理论课同向同行，形成协同效应。[①] 2018年时任教育部长的陈宝生在新时代全国高等学校本科教育工作会议上强调："高校要明确所有课程的育人要素和责任，推动每一位专业课老师制定开展'课程思政'教学设计，做到课程门门有思政，教师人人是讲育人。"

二、从更长远角度认识课程思政在外语专业教学中的重要性

在大学教学中贯彻和落实《纲要》是今后一段时期大学教学改革的重中之重。无论是文科、理科、工科，无论哪个专业和方向，都要挖掘课程思政元素，结合专业教学特点，制定课程思政的具体目标。

在大学各专业之中，外语专业有其特殊性。与其他专业不同，外语专业培养的学生首先是要精通一门至两门外语，然后借助外语这门工具，进一步了解和研究外部世界。在教学过程中，因为比较多地直接使用国外编撰的各类教材，同时还要引入外国教师担任一

---

① 习近平：《思政课是落实立德树人根本任务的关键课程》，《求是》2020年第17期，第4—16页。

些课程的教学，所以外语专业学生可以更加直接、大量地接触国外情况，相比其他专业学生面临的信息环境更为复杂。尤其是互联网技术蓬勃发展、全球一体化不断延伸的今天，整个世界在文化领域的交流更加全面，不同制度不同种族不同文化的价值观的相互交融更加深入。外语专业学生因为语言方面的特殊优势和学习过程中的特殊信息环境，相较其他专业的学生更容易受到外部世界价值观的冲击和影响。在这种形势下，如何帮助青年学生正确看待西方的价值体系、抵制错误观念的侵蚀、增强国家意识与爱国观念、提高对本民族文化的认同感和自豪感，是大学外语专业教学中亟需面对并解决的重要问题。

基于以上情况，在外语专业教学中融入课程思政的重要性日益凸显。尤其是在课堂教学环节，要将课程思政与外语教学有机结合，让外语学习的课堂也能成为培养学生优秀思想品质、立德树人的主阵地。正如习近平总书记对新时代高校思想政治工作所要求的那样："要用好课堂教学这个主渠道，思想政治理论课要坚持在改进中加强，提升思想政治教育亲和力和针对性，满足学生成长发展需求和期待，其他各门课都要守好一段渠、种好责任田，使各类课程与思想政治理论课同向同行，形成协同效应。"[1]

充分认识课程思政在大学外语专业教学中的重要性和必要性是推进教学改革的前提条件。对于外语专业来说，因为学科历史比较悠久，已经形成了比较固定的教学方式。由于是学习外国的语言，所以无法避免地会引入对象国在其国内实行的母语教学模式和经验，这也是提高教学效果的必然选择。因此，在这种包含大量"外来基因"的教学体系内融入具有我国特色的课程思政理念，应该说是有

---

[1] 《习近平在全国高校思想政治工作会议上强调：把思想政治工作贯穿教育教学全过程 开创我国高等教育事业发展新局面》，《人民日报》2016年12月9日。

较大难度的。作为外语专业教师，必须在观念、模式、方法、细节等各个层面认真琢磨，反复探索，力求找到一个合适的做法，并在实践中不断完善。

三、《日本概况》课中课程思政的理念与实践

在教育部制定的大学本科日语专业培养方案的国家标准中，《日本概况》课被确定为专业必修课。该课程的主要内容是对日本这一国家的各个方面进行全面的介绍，涉及政治、经济、军事、外交、社会、文化、历史等诸多领域，教学目的是使日语专业学生不仅掌握外语使用技能，还能够全面了解对象国情况，丰富外语学习的内容，提升外语学习内涵。为了更好地使学生通过这门课的学习深入了解外部世界，在教学环节中会较多地引用日本制作的文献、影音等资料，任课教师也会对教学内容中涉及的日本情况及其形成的原因、背景、影响进行全面的介绍和分析，对其中涉及的政治学、经济学、文学、文化、宗教学、社会学、外交、军事等学科领域的理论结合实际给予简要的阐述。

《日本概况》作为高校日语专业一门重要的课程通常会有大量学生选修，可以说是专业人才培养中的主要课程之一。所以，应该充分利用好这门课程，发挥面对面教学的优势，认真探索课程思政与课程的融合。在培养学生日语专业基本的知识结构、学术素养和普遍价值观的同时，积极贯彻习近平总书记讲话精神和《纲要》的原则要求，紧密结合课程内容和特点，在夯实学生知识体系和专业技能的基础上，明确提出思政育人目标和与教学内容对应的课程思政元素，通过教师的精心设计和巧妙讲解，润物细无声地融入教学实践中，在外语人才培养方面守好自己的"一段渠"。

如果从教学内容上看，《日本概况》这门课程所涉及的全部是日本的情况，似乎与课程思政并无关联。事实上，在提出课程思政纳入高校所有教学环节之前，尽管也会在教学中或多或少地提及一些价值观念、国情对比、文化融合等方面的话题，但是很少会有意识地有准备、有体系地体现出课程思政的要求和原则。因此，如何将课程思政融入课程之中，如何使课程思政与课程内容有机地结合起来，是任课教师必须要解决的重要课题。

笔者认为教师首先要分析课程思政的目标，然后深挖归纳课程思政与教学内容的融入点，探索课程思政的具体方法和技巧等。当代大学生思想比较活跃，视野普遍开阔，对大学课程的教学要求也比较高。如果教师生硬、僵化地强行将课程思政的内容加入专业教学中，可能会产生不协调、不和谐的印象，不仅不能实现课程思政的目标，有时可能还会产生相反的效果。因此，在教学方法层面，教师要更加深入地思考，详细探究如何将如"盐"般的课程思政元素潜移默化、无声无息地融于"水"一样的专业知识中，追求春风化细雨、润物细无声的最高境界。

此外，笔者认为应该对《日本概况》课中的课程思政元素进行充分的挖掘和归纳，这也是开展课程思政的必要准备工作。具体而言，可以从引导崇高理想信念、塑造正确价值标准，培育科学学术素养这三个方面予以推进。除了大家耳熟能详的爱国主义精神、民族自豪感、祖国荣誉感和四个自信外，还应该包括科学精神、创新精神、责任意识、担当意识、法律观念、尊重事实、追求真理、科学理性、积极乐观、创新思维、辩证思维、团队协作、爱岗敬业、家庭观念、感恩精神、社会责任等。笔者尝试将《日本概况》课中课程思政元素归纳出来（表1），可以具体展现与教学内容的融合。

表1　教学内容与课程思政着眼点对照表

涉及章节	主要内容	课程思政着眼点	课程思政的培养目标
日本历史	古代中日文化交流	日本对中国文化的学习和吸收	文化自信
	日本对外扩张	日本对中国的侵略和掠夺	爱国主义精神
日本政治	日本宪法	日本《宪法》第九条体现的和平主义理念	和平主义精神
	日本政党	政党之间斗争与联合	客观、理性、科学
	日本国会	对比中日两国选举制度	制度自信
日本经济	战后日本经济腾飞	日本国民的奋斗	攻坚克难精神
日本军事	日本战后重新武装	重新武装过程和日本军事政策	爱国精神、正确方法论
日本外交	日美同盟	日美同盟的形成、发展和影响	爱国精神、正确方法论
语言文学	日本文字的产生	日本文字与汉字的关系	文化自信
	日本古代的汉文学	日本汉文学的形成和发展	文化自信
日本科技	日本诺贝尔奖获得者	获奖者的科研经历	科学精神和创新精神
日本社会	主要的社会问题	老龄化和少子化	责任意识
	青少年状况	校园霸凌	团结友爱

在具体教学环节中，可以在讲解专业知识的同时，巧妙地将思政元素融入其中。例如，在日本文字与文学这一章，关于日本文字——假名的产生，通过介绍日本人学习汉字、使用汉字、借用汉字创造假名的过程，体现中国文化对日本文化的影响，潜移默化地增强学生对中华文化的自豪感。又如在日本科学这一章，重点介绍了日本科学家获得诺贝尔奖的情况和他们的科研历程，通过具体事例使学生不仅对章节的知识点有所掌握，又能激发学生的学习兴趣，提高品德修养，使其人生观、价值观在潜移默化中得到塑造。

教师是课堂的主导者，是课程思政的主要执行者。课程思政改革对外语专业教师提出了更高的要求，不仅要在传授专业知识方面专有所长，更要在立德树人方面业有所精。为了完成教书育人的神圣使命，也为了更好地贯彻课程思政的理念和要求，教师应该对自身提出更高的要求。首先，要有强烈地课程思政意识，在教学各个环节中充分挖掘思政元素，将思想政治教育渗透在日常教学点点滴滴中，以十年树木、百年树人的坚持，为青年学生的成长倾注心血。其次，要在平时就非常注重思政元素的积累。在深刻理解本学科本专业知识体系的基础上，认真思考、深入挖掘思政元素与教学内容的契合点，不断探索新的教学方法，提升课程思政的效果。最后，教师还要努力提高学术能力和道德修养，通过言传身教，给予学生更多的示范性影响。学高为师，德高为范，教师在课堂教学和科学研究中体现出的认真负责、乐观积极、努力进取的态度对学生能够起到潜移默化的作用。

作为高校专业课教师，让我们不忘初心、牢记使命，积极投身课程思政的改革中来，通过不断努力，为新时代中国特色社会主义事业培养更多德才兼备的优秀人才。

关于《跨文化交际学》课程思政的探讨与实践

吉林大学跨文化交际学课程思政示范课项目组[*]

[摘　要] 课程思政成为高校课堂的重要组成部分，我们不忘初心，牢记使命，以课程建设为载体，践行育人使命。跨文化交际学是日语语言文学专业研究生的专业必修课，跨文化交际学教学团队申请了吉林大学思政课程示范课项目并被获准立项。本文以实践调查的方法，着眼于跨文化交际学课程思政教学改革，阐述分析课程中中日文化交流史知识的引入以及对其丰富内容的详细讲解所达成的教学目标——日语方向研究生通过本门课程的思政元素了解中日文化交流史，并熟知中日文化交流史上著名的人物、事件，不仅深入了解日本文化中的中国文化元素、中国文化对日本文化的影响，同时具有用专业语言讲好中国故事、传播中国文化的能力。希望通过该实践研究对跨文化交际学课程思政改革起到有益的补充作用。

[关键词] 跨文化交际学　课程思政　中日文化交流史

---

[*] 跨文化交际学课程思政示范课项目组：陈云哲，吉林大学公共外语教育学院教授、博士研究生，研究方向为日本文学、中日文学关系；张锦，吉林大学公共外语教育学院教授、博士研究生，研究方向为跨文化交际学；王笛笙，吉林大学公共外语教育学院讲师、硕士研究生，研究方向为日语语言学；高金花，吉林大学公共外语教育学院讲师、硕士研究生，研究方向为日语语言学；王姗姗，吉林大学公共外语教育学院讲师、博士研究生，研究方向为中日比较文学；刘春红，吉林大学公共外语教育学院讲师、硕士研究生，研究方向为日语语言学。该项目研究经费来自于吉林大学研究生院。

2016年12月9日，习近平总书记在全国高校思想政治工作会议上强调：把思想政治工作贯穿教育教学全过程，开创我国高等教育事业发展新局面。文中提到"要用好课堂教学这个主渠道，思想政治理论课要坚持在改进中加强、提升思想政治教育亲和力和针对性，满足学生成长发展需求和期待，其他各门课都要守好一段渠、种好责任田，使各类课程与思想政治理论课同向同行，形成协同效应"[1]。

2020年9月，习近平总书记指出思政课是落实立德树人根本任务的关键课程。"坚持显性教育和隐性教育相统一。思政课要做思想政治教育的显性课程。有人提出把思政课变成隐性课程，完全融入其他人文素质课程中，这是不对的。我们办中国特色社会主义教育，就是要理直气壮开好思政课。同时，要挖掘其他课程和教学方式中蕴含的思想政治教育资源，实现全员全程全方位育人。既要有惊涛拍岸的声势，也要有润物无声的效果，这是教育之道。"[2]

2020年5月28日，教育部关于印发《〈高等学校课程思政建设指导纲要〉的通知》，确定课程思政建设的意义、任务、建设目标要求和内容重点等。[3]

2021年，根据中宣部、教育部关于《习近平谈治国理政》多语种版本进高校进教材进课堂（简称"三进"）工作的重要部署，高等学校外国语言文学专业"理解当代中国"系列教材重大项目启动实施。

综上所述，关于思政课程和课程思政一直以来都是中国领导人和教育界关注的重要内容，并且不断地在教学中被探索、实践。课

---

[1] 《习近平在全国高校思想政治工作会议上强调：把思想政治工作贯穿教育教学全过程 开创我国高等教育事业发展新局面》，《人民日报》，2016年12月9日。
[2] 习近平：《思政课是落实立德树人根本任务的关键课程》，中国政府网站，2020年8月31日，http://www.gov.cn/xinwen/2020-08/31/content_5538760.htm。
[3] 教育部关于印发《〈高等学校课程思政建设指导纲要〉的通知》，中国政府网站，2020年6月6日，http://www.gov.cn/zhengce/zhengceku/2020-06/06/content_5517606.htm。

程思政成为高校课堂的重要组成部分，我们不忘初心，牢记使命，以课程建设为载体，践行育人使命。

跨文化交际学是日语语言文学专业研究生的专业必修课，跨文化交际学教学团队申请了吉林大学思政课程示范课项目并被获准立项。跨文化交际学思政示范课项目组的课程思政教学改革主要着眼点在于对中日文化交流史知识的引入以及对其丰富的内容进行详细的讲解，利用现代教学手段进行教学实践，希望日语方向研究生通过本门课程的思政元素了解中日文化交流史，并熟知中日文化交流史上著名的人物、事件，不仅深入了解日本文化中的中国文化元素、中国文化对日本文化的影响，同时具有用专业语言讲好中国故事、传播中国文化的能力。

一、《跨文化交际学》课程概观

《跨文化交际学》是外国语言文学专业日语语言文学方向的专业必修课，48学时，3学分。下面将从教学目标、教学要求、教学内容、学时分配、评价方法等方面简要介绍融入了课程思政元素的《跨文化交际学》课程。

（一）教学目标

《跨文化交际学》课程主要通过课堂讲授、课堂发表及教师点评等教学过程，使学生掌握跨文化交际学的基本理论和相关知识、异文化摩擦要因，了解跨文化交际案例分析以及中日文化交流史，能够就相关跨文化交际问题形成自己的见解，同时对中日文化交流以及中国在历史上对日本文化形成的影响有深入的了解，提高学生跨文化交际学科领域的科研能力。

（二）教学要求

具体要求：

通过课堂教学及文献阅读，对跨文化交际学形成自己的观点；在课堂发表与接受教师指导的过程中培养并提高科研能力。

其他要求：

每个学生应完成一次及以上跨文化交际学相关内容发表。课堂讨论发言作为平时成绩评估内容之一。

（三）教学内容

跨文化交际学课程由跨文化交际理论、异文化摩擦要因、跨文化交际案例分析、中日文化交流史以及相关的课堂讨论、发表、考核构成，具体学时分配见下一项。

希望日语方向研究生通过本门课程的学习，能够掌握跨文化交际基本理论并能够进行实践；能够用自己所学理论对跨文化交际案例进行分析并提出解决方案；了解中日文化交流史，并熟知中日文化交流史上著名的人物、事件，不仅深入了解日本文化中的中国文化元素、中国文化对日本文化的影响，同时具有用专业语言讲好中国故事、传播中国文化的能力。

（四）学时分配

1. 跨文化交际基础理论与补充理论（12学时）
2. 跨文化交际中异文化摩擦要因（12学时）

3. 中日文化交流史（思政元素）（12 学时）

4. 跨文化交际案例分析（5 学时）

5. 中日文化交流史（学生发表）（2 学时）

6. 跨文化交际问题课堂讨论（1 学时）

7. 跨文化交际课程问卷调查（1 学时）

8. 跨文化交际课程考核（3 学时）

（五）评价方法

出席（10%）+作业（10%）+平时课堂发表、讨论（10%）+期末考试(70%)

出席：不无故迟到、不无故早退、不无故旷课

作业：按时提交12次跨文化交际中异文化摩擦要因听写翻译

平时课堂发表、讨论：包括跨文化交际案例分析、中日文化交流史、跨文化交际问题课堂讨论

期末考试：涵盖跨文化交际基础理论与补充理论与中日文化交流史

以上是《跨文化交际学》课程的概观，那么我们又如何将课程思政元素融入课堂教学中？我们将在下面进行详细说明。

二、《跨文化交际学》的课程思政元素

《跨文化交际学》课程基于其特殊性，思政元素的发掘与融入不同于其他课程，并非提取讲义内容的某一点，而是在课程整体当中设置了一个板块——中日文化交流史，该板块12学时，占据了课程1/4的比例。这样的课程思政设计究其原因是基于中国与日本的特

殊关系。

古代"中国"相对于日本而言，一直就是一个特质的"意义"存在：一方面"中国"作为一个国家政治实体的存在，其绵延无尽的疆界，庞大的、多样性的民族群体，众多的人口分布，对于偏居在东亚一隅的日本而言，始终是一个难以企及和仰视的存在，它只能抚摸到巨大中国躯体的细微的局部，而无法窥探到中国的全貌；另一方面，"中国"又不仅仅是个清晰的国家政治实体，中国在某种程度上又是一种世界先进文化的隐喻和象征。中华民族五千年悠久的传统文明，对于日本而言具有持续的冲击力和建构力。毋庸置疑，日本文化体系的形成和建构，在一定程度上脱胎于中国传统文化，以中国传统文化作为自己的文化母体和文化之根，对此，日本著名学者内藤虎次郎曾说："与中国文化接触之前，日本民族好比是豆汁，中国文化好比是卤水。日本民族与中国文化一经接触，立即变成了豆腐。"[1] 从绳文时代开始，中国就不断地将自己的文化原素和文化因子植入日本社会，这种单向度的文化植入历经了弥生、大和、飞鸟、奈良、平安等时代的社会变迁和发展，中国传统文化已经根植到日本文化体系的内部，成为日本文化中一道特异的图景。日本经过对中国传统文化的移植—挪用—置换—改良，加之对西方现代文明的吸收和接纳，从而建构了自己独特的民族文化。

因此，在我们讲解跨文化交际，必然要讲述中国文化与日本文化，必然要触及中国文化对日本文化的影响，那么中日文化交流史则是最为清晰地映射了中日文化关系，对中日文化交流有深入的了解将更有助于对中日跨文化交际学的认识，能够从本质上把握中日文化关系、日本文化中的中国文化元素、中国文化对日本文化的影响、中日文化的异质与同构，有利于学习者用专业语言讲好中国故

---

[1] 杨鸿烈：《中日文化交流的回顾与展望》，东京：立命馆出版部，昭和15年版，第74页。

事、传播中国文化。

为此，根据总课时量，我们选择了 12 个思政点，具体教学内容及教学要求如下：

1. 福冈与中国：了解并能讲述中日交流史概况及中国文化对日本的影响

2. 金印与中国皇帝：了解并能讲述东汉光武帝赐予日本金印的史实及史书相关中日关系的记载

3. 年夜面与谢国明：了解并能讲述南宋商人谢国明帮助并教授日本博多百姓制作年夜面的史实

4. 金立町与徐福传说：了解并能讲述徐福东渡及徐福被奉为水神的史书记载与故事传说

5. 多久圣庙：了解并能讲述孔子在日本文化中的历史地位及日本的祭孔

6. 东渡日本的杨贵妃：了解并能讲述杨贵妃东渡的传说及日本的杨贵妃墓、二尊院相关介绍

7. 唐招提寺与鉴真大师：了解并能讲述鉴真东渡日本的史实及唐招提寺的历史作用及地位

8. 神户南京町：了解并能讲述神户中华街——南京町的历史与现状

9. 四国·空海·青龙寺：了解并能讲述盛唐时代空海与青龙寺的历史渊源及中国对日本佛教发展的影响

10. 横滨中华街：了解并能讲述日本最大的中华街——横滨中华街的历史与现状

11. 三不猴与孔子：了解并能讲述三不猴与孔子的渊源，思考为何"四勿"东渡日本之后变为"三不"

12. 风林火山与《孙子兵法》：了解并能讲述《孙子兵法》在日本战国时代的传播与在日本现代社会的发展

三、《跨文化交际学》的课程思政实践

本项目组申请到了吉林大学研究生课程思政示范课项目，按照项目要求制定了课程思政教学改革方案，并以 2021 级研究生为对象，进行了课程思政教学改革。

如前所述，跨文化交际学将课程主题内容分为基础理论、异文化摩擦要因、案例分析、中日文化交流史四个板块，其中中日文化交流史板块主要介绍中日交流史上著名的人物、事件，将日本现存的名胜古迹中的中国文化相关遗迹以及日本传统文化、传说中的中国文化元素以图片、文字的形式呈现给学生，旨在使学生深入了解中国文化元素、中国文化对日本文化的影响，同时具有用专业语言讲好中国故事、传播中国文化的能力。

2022 年 3—5 月，《跨文化交际学》课程一共进行了 16 次教学，48 学时，利用多媒体辅助课堂教学，采用讲授、讨论、发表、点评、考核等方式组织课堂教学，并在学生取得赴日交换留学资格后，为学生提供具体、翔实的参观体验及田野调查计划。

2022 年 5 月，课程结束后，为了检验课程思政教学改革效果，更好地开展今后的课程，向选课的 7 位同学发起了问卷调查。问卷共两种，一种是针对《跨文化交际学》课程整体内容的调查，共有十道题，统计结果如下。

第一题：关于对讲义整体的评价，其中 6 名同学认为非常有意义，1 名同学认为有意义。

认为非常有意义的理由如下：

跨文化交际课程非常实用；在课堂上学到了许多的概念和理论，在跨文化交际过程中会非常有帮助；在课堂上学到了非常有趣的心

理学方面的知识；在课堂上掌握了许多的理论知识和实际案例。

认为有意义的理由如下：

在和不同文化背景的人交际时有助于更好地理解对方。

第二题：讲义的内容对加深今后的跨文化交际的理解是否有帮助？7名同学一致认为非常有帮助。

理由如下：

与跨文化交际这一主题非常吻合，清晰易懂；在课堂上学到了许多的概念和理论，对与不同文化背景的对象的交际会很有帮助；内容易懂，案例典型，对今后跨文化交际方面的学习会很有帮助；通过学习获得了和不同文化背景的人以及外国人交际时的启示。

第三题：课程时间安排是否合适？其中6名同学一致认为非常合适，1名同学认为时间太短，应增加课时。

第四题：整体授课内容是否通俗易懂？其中5名同学认为讲解通俗易懂，1名同学认为比较易懂，1名同学没有作答。

第五题：对课堂上使用的课件等的印象如何？5名同学一致认为非常有意义，2名同学认为有意义。

认为非常有意义的理由如下：

内容有趣，学到了很多道理和知识；涵盖了不同国家、不同文化的人，不同性别下的差异等方方面面的介绍。

认为有意义的理由如下：

通过资料可以确认课堂中漏听的内容，完成复习和预习，资料的发布非常必要；资料方便阅读等。

第六题：讲义中介绍的中日文化交流史对加深跨文化交际的理解是否有帮助？6名同学认为非常有帮助，1名同学认为有帮助。

认为非常有帮助的理由如下：

通过介绍，了解了中日两国在历史上的友好交流，学到了知识，对今后的学习很有帮助；内容易懂，案例典型，对加深跨文化交际的理解非常有帮助；在课堂上了解到了许多两国人民交流过程中较为感兴趣的事情。

认为有帮助的理由如下：

在和不同文化背景的人交际时有助于更好地理解对方。

第七题：中日文化交流的案例介绍是否能加深对跨文化交际的理解？6名同学认为非常有帮助，1名同学认为有帮助。

认为非常有帮助的理由如下：

通过案例可以运用到课堂上学习到的跨文化交际方面的知识。通过与案例中的方法对比，在今后自己遇到类似事情时可以更沉着的应对；内容清晰且容易理解；案例贴近实际生活，有趣，有助于帮助我解决在现实生活中遇到的问题。

认为有帮助的理由如下：

案例的介绍可以实际应用到理论方面的介绍，有助于加深对跨文化交际的理解。

第八题：课堂上关于专题类内容的介绍是否有助于加深跨文化交际的理解？6名同学认为非常有帮助，1名同学认为有帮助。

认为非常有帮助的理由如下：

通过专题的介绍可以更好地理解案例。在详细分析后再加以建议，非常有帮助；有趣且印象深刻；对其进行分析，通过专题介绍，也能够对自身进行反省；

案例的介绍使跨文化交际的理解变得更加容易。

第九题：教师的讲解是否清晰易懂。6名同学认为教师的讲解清晰易懂，1名同学认为易懂。

第十题：关于本课程是否有建议？4名同学没有建议，3名同学的建议如下：

一是本学期由于特殊时期采用的是线上授课，如果是在教室授课会更加有趣，那样的话，可以和同学们面对面更多的研讨学习，所以感到有点遗憾。

二是时间有点短，学生们的研讨时间再长点有好了。

三是希望跨文化交际方面的图片再多些。

另一种是针对课程思政元素——中日文化交流史进行的调查，共有十道题，统计结果如下：

第一题：关于中日文化交流史的整体讲义大家持有何种看法？其中6名同学认为非常有意义，1名同学认为有意义。

第二题：讲义的内容是否对今后中日文化的理解有帮助。7名同学一致认为非常有帮助。

第三题：课程时间安排是否合适。7名同学一致认为非常合适。

第四题：整体授课内容是否通俗易懂。7名同学一致认为讲解通俗易懂，收获颇多。

第五题：对课堂上使用的课件等是否满意。6名认为非常满意，1名同学认为满意。

第六题：在授课期间，学生发表了关于中日文化交流史的报告，是否对异文化交流有帮助。7名同学一致认为非常有帮助。

第七题：在讲义过程中掌握的中日交流史案例是否对今后的异文化交流有帮助。6名同学认为非常有帮助，1名同学认为有帮助。

第八题：通过学习中日文化交流的案例，是否能更深刻地理解中日文化，而且能在今后的中日文化交流中活学活用。7名同学一致认为能够加深理解且活学活用。

第九题：教师的讲解是否清晰易懂。7名同学一致认为教师的讲解清晰易懂。

第十题：关于中日文化交流史是否有建议。6名同学没有建议，1名同学想学习现代交流的案例。

通过两种调查问卷可以看出，学生对本门课程的课程设置、讲义内容、课件的使用、教师的讲解都非常满意。

通过针对《跨文化交际学》课程整体的调查问卷可以看出，学生不但掌握了跨文化交际理论方面的基础知识，得到了更多的启示，也通过相关案例加深了对跨文化交际的理解，更有助于学生在现实生活中遇到类似问题时的妥善解决，对今后跨文化交际的学习积累了丰富的知识储备。

通过中日文化交流史版块的调查问卷可以看出，学生不但掌握了中日交流史的案例，还通过发表小论文进一步学以致用，加强了跨文化交际的理解，也为今后继续学习跨文化交际储备了丰富的知识。

由此可见，本门课程内容充实，讲解深入浅出通俗易懂，学生的知识得到了积累，专业素养得到了提高，知识结构得到了完善。

综上所述，项目组对于《跨文化交际学》课程的整体设计、思政元素的融入、课件资料的使用、课堂环节的安排、任课教师的讲授、学生的学习效果均达到了预期的目标和要求，最终通过该课程的考核也证实了课程思政教学改革的成果。

结　论

在 2014 年 9 月同北京师范大学师生代表座谈时的讲话——《做党和人民满意的好老师》中，习近平总书记曾提道："广大教师要用好课堂讲坛，用好校园阵地，用自己的行动倡导社会主义核心价值观，用自己的学识、阅历、经验点燃学生对真善美的向往，使社会主义核心价值观润物细无声地浸润学生们的心田、转化为日常行为，增强学生的价值判断能力、价值选择能力、价值塑造能力，引领学生健康成长。"①

对此，作为一线教师，我们要做的就是不忘初心——要有立德树人，做个好老师的理念；砥砺前行——以课程建设为载体，践行好育人使命。因此，我跨文化交际学教学团队申请了吉林大学思政课程示范课项目并被获准立项。项目组在课程的内涵建设方面深入挖掘、课程的外在手段教学方法上不懈钻研、课程的课堂环节中多维度实践，对日语专业研究生的必修课程进行了课程思政教学改革，并取得了预期的效果，达成了改革目标。

参考文献

[1]《习近平在全国高校思想政治工作会议上强调：把思想政治工作贯穿教育教学全过程 开创我国高等教育事业发展新局面》，《人民日报》2016年12月9日。

[2] 习近平：《思政课是落实立德树人根本任务的关键课程》，中国政府网站，2020年8月31日，http：//www.gov.cn/xinwen/2020－08/31/content_5538760.htm。

[3] 教育部关于印发《〈高等学校课程思政建设指导纲要〉的通知》，中国政府网站，2020年6月6日，http：//www.gov.cn/zhengce/zhengceku/2020－06/06/content_5517606.htm。

[4] 杨鸿烈：《中日文化交流的回顾与展望》，东京：立命馆出版部，昭和15年版。第74页。

[5] 习近平：《做党和人民满意的好老师——同北京师范大学师生代表座谈时的讲话》，中国政府网站，2014年9月10日，http：//www.gov.cn/xinwen/2014－09/10/content_2747765.htm。

---

① 习近平：《做党和人民满意的好老师——同北京师范大学师生代表座谈时的讲话》，中国政府网站，2014年9月10日，http：//www.gov.cn/xinwen/2014－09/10/content_2747765.htm。

高校日语教学特色课程思政建设实践探索*
——以大连海事大学"日语与中日航海文化"课程建设为例

陶　金　周芷冰　高千叶**

[摘　要] 基于成果导向教育（OBE）理念，从高校日语教学面临的实际问题出发，大连海事大学日语系教学团队在"日语与中日航海文化"特色课程建设过程中，将育人与日语专业教育紧密结合，并通过特色教材研发、精品慕课建设、"第二课堂"教学实践三大步骤，将思政元素充分融入到课程建设的全过程，为培养既具有爱国情怀、正确价值观与职业素养，又具有深厚专业功底和创新意识的复合型日语人才提供了较为生动的教学案例。

[关键词] "日语与中日航海文化"　OBE 理念　课程思政

在新文科建设的大背景下，日语作为"小语种"中的"大语种"，日语教育教学改革迫在眉睫。课程思政是高等学校落实立德树

---

* 本文为 2022 年度辽宁省普通高等学校本科教学改革研究项目"新文科背景下'日语+'特色课程建设与涉海类院校复合型人才培养的校际合作研究"（项目号：辽教通〔2022〕166 号 – 351）、2021 年全国翻译专业学位研究生教育研究项目"MTI 日语（笔译方向）特色化教学方法探索——以《航海文献翻译与研究》混合课程建设为例"（项目号：MTIJZW202150）阶段性成果。

** 陶金，大连海事大学外国语学院教授，博士，研究方向为中日航海文化、日本哲学；周芷冰，大连海事大学外国语学院讲师，博士，研究方向为日本文学；高千叶，大连海事大学外国语学院讲师，硕士，研究方向为日语教育。

人根本任务的战略举措，是高水平人才培养的基础工程。[①] 日语专业特色化建设与课程思政建设，是中国日语教育改革过程中的重要环节。如何在传统日语课程教学的基础上紧密结合校本特色，将思政元素融入其中，为日语课程思政建设增添特色化风采，成为了未来中国高校日语专业课程多样化、思政特色化发展的必经之路。鉴于OBE 理念在理论及实践层面均与高校思政课分层教学模式具有一定契合度[②]，可以为教学改革及创新提供理论及实践支持，大连海事大学日语专业教学团队，在遵循 OBE 理念的基础上，历时 3 年，联合3 所涉海院校，开展了航海文化系列课程思政建设的教学改革实践。在"日语＋航海"特色教材研发、联动应用型精品慕课建设和情景沉浸式课程思政教学改革实践三方面取得了较显著的成效。

一、日语专业特色课程体系建设过程中遇到的实际问题

新文科建设的大背景下，基于综合性高校日语专业谋求可持续发展的总体目标，大连海事大学日语系教学团队自 2019 年起，针对日语专业教学过程中存在的实际问题，着力开展了"特色化日语课程体系建设"，并将课程思政理念有机融入特色化日语课程建设全过程。

[①] 张文霞、赵华敏、胡杰辉：《大学外语教师课程思政教学能力现状及发展需求研究》，《外语界》2022 年第 3 期，第 28 页。
[②] 李芳：《构建以 OBE 理念为导向的高校思政课多维度发展性考核评价机制》，《湖北第二师范学院学报》2022 年第 12 期，第 6 页。

（一）高校日语专业教学过程中的常见问题

教学内容同质化、学习者日语基础差异化、日语学习动力不足等问题，是中国高校初级日语教学常见问题。近年来，随着中国高校日语专业发展规模的扩大，日语专业学习者人数呈现渐增趋势。同时，由于中国大部分高校的日语专业主要招收高考外语科目为英语的考生，因此，在基础日语教学课程中，教学内容存在同质化倾向，甚至存在日语专业的初级日语教学与社会日语教学内容趋同的问题。同时，日语专业大一新生虽多为英语高考生，但随着新媒体和网络教学平台的发展，部分学生在入学前即已自学了一部分初级日语，导致入学后日语基础各异，存在"有一定日语基础"和"日语零基础"等不同情况。自2017年开始，高校日语专业课时大幅缩减，学生课堂学习与练习时间受限，知识结构单一、缺乏日语学习兴趣和动力等问题屡见不鲜。

（二）特色日语课程建设的思政元素融入问题

习近平总书记指出："要扎根中国大地办大学，走出一条建设中国特色、世界一流大学的新路。"各高校的特色学科建设和学科特色建设，也成为了中国高校特色化办学的实现路径。大连海事大学作为具有鲜明航运特色的国家重点大学，航海、轮机、交通运输等学科具有长期的学科特色化发展的历史文化积淀。在新文科建设的大背景下，日语专业的课程建设，如何增添校本特色，如何与学校的特色化学科相结合，是需要集体智慧与长远发展规划的重要议题。特别是近年来，随着课程思政建设工作的深度开展，特色日语课程建设与思政元素的融入相结合等问题，为教学设计提出了更多元、更高层次的要求。

基于课程思政与 OBE 相融合的理念①，经教学团队的充分研讨与多方征集意见、建议，最终确立了通过构建一体化的"日语+航海文化"课程体系，将育人与专业教育实现无缝衔接，并通过特色教材研发、精品慕课建设、教学实践检验三大步骤，将思政元素充分融入课程建设的全过程，培养既具有爱国情怀、正确价值观与职业素养，又具有深厚专业功底和创新意识的复合型人才。

二、思政元素融入特色化课程建设全过程

（一）将思政元素融入精品慕课建设

为加强校本特色日语课程建设，同时缓解初级日语教学内容同质化、学习者日语基础差异化、日语学习趣味体验不足、视野狭窄等常见教学问题，大连海事大学抽调了青年教学骨干，组建了慕课建设团队，花费 2 年时间精心打磨，完成了具有大连海事大学校本特色的慕课"日语与中日航海文化"，于 2021 年在学堂在线平台顺利上线。首先，从慕课设计理念上来说，通过将日语基础知识学习与中日航海文化交流史学习同步推进的方式，让学生能够在宏阔的文化交流史背景下重新认识自己所选择的"日语"专业，于潜移默化之中营造具有思政特色的文史学习环境，引领学生理解语言是扎根在文化土壤中的一棵枝繁叶茂的大树，语言也是助力中日文化交流之船乘风破浪航行于中日之间的风帆。其次，从课程内容设定上来说，除了日语语言知识、海洋文化解析两个单元的内容外，还特

---

① 王新华、钱炜：《课程思政与 OBE 理念相融合的课程体系构建——以"机械创新设计"课程为例》，《上海理工大学学报》2022 年第 4 期，第 419 页。

别设计了"历史解密"与"时事观察"两个思政单元，按古代、近代、现代的顺序，选取中日航海文化史上的重大事件、知名航海人物进行历史再现，最大限度地拓展了历史思政视野与文化知识存储量。特别是在现代部分进行了充分的思政设计，引领学生在习近平总书记提出的"海洋强国"政策方针背景下思考中日两国在海洋环保、海洋开发、船舶技术等方面的合作与发展前景。此外，慕课还尝试了"以学生为中心"的新型思政教学方式的探索与实践。根据OBE理念，课堂教学需要"以学生发展为中心、以学生学习为中心、以学习产出为中心"[①]。为此，主要采取了以下教学设计：

（1）打造学生自主学习与思考思政问题的线上课堂。在慕课中，首先设置了学生角色"海大大"（大连海事大学校本特色吉祥物）配合老师进行教学互动，授课模式按照"海大大课前问""海大大课堂答""海大大课后思""海大大主动查""海大大个性化笔记"五大互动环节展开，把思政元素融入思考题，深入浅出地引导学生共同学习。比如，在讲解日语假名之前，先通过慕课的"海大大课前问"环节给学生抛出思考题"你了解汉字东传对日语假名文字形成的影响么？"这样的问题，引领学生自主查阅资料，提前思考中华文化对外传播的历史意义。

（2）通过慕课将课程思政理念贯穿本·研培养全过程。由于慕课建设过程中，启用了大量中日航海史相关史料，因此，在内容拓展上预留了较大的弹性空间。面向本科生教学，教学目标设定为慕课内容的理解和识记，同时，慕课组主讲教师也面向研究生开设"航海文献翻译与研究"课程，教学目标则设定为慕课相关史料的翻译、整理与研究。由于课程设定了语言、航海文化两大方向，日文

---

① 李燕等：《基于成果导向教育理念的航海英语课程教学实践探讨》，《航海教育研究》2022年第4期，第77页。

讲解语法知识，中文讲解中日航海史料，供不同日语基础和不同学习兴趣、不同学习目标的学生自主选择，这种在教学上本·研贯通的培养模式，学生可自主选择的开放式内容设置，也为学生未来考研、就业做了更多元化的知识储备。为强化课程思政教学的成果，我们还开设了"瀛海日语"公众号，采取了师生共建的运行模式，课后利用公众号进行总结和学习感受交流，提升学生的学习自主性和参与意识，进一步拓展知识面，培养学生的发现问题、思考问题、解决问题的能力。

（二）将思政元素融入特色教材编写

校本特色课程建设需有相应的教材与课程相配套，如何将思政元素融入特色教材内容之中亦成为教材研发团队需破解的难题。与慕课建设同时启动的，还有特色教材《中日航海文化教程》的编写工作。中日两国隔海相望，自古以来，交流的前提首先应该是海上"通航"。经团队成员集体搜集相关资料，研究发现两大突破点：第一，与"通航"直接相关的中日交通文化史研究，目前先行研究成果积累并不充分，特别是涉及近代航运业发展的资料，大量日文史料有待梳理。可以引领本科生与研究生展开学习与研究。第二，在现代，中日两国的航运、海洋环保与深海资源开发，也存在非常宏阔的研究空间，而中日文专业术语的对应学习是打通这一难关的第一步。基于这两方面，经充分商讨，基本确立了教材编写思路，集中教学团队的精锐力量，搜集中日交通史相关资料，按编年体例梳理中日海上交流往来的历史脉络，抽取各时代最具代表性的海上交通事件、航海人物、贸易特点、文化风俗等，进行整体汇编。同时，思政元素的自然融入，是贯穿教材编写过程始终的重要问题。为此，教材编写特别设置了"中日航海人物"专栏，从中日航海文化交流的角度，对早期探索对日航路的徐福、渡海远赴中国求学的遣唐使阿倍仲麻吕、6次东渡日本的鉴真等中日文化交流史上做出贡献的人物事迹进行介绍，对学生进行人生观与价值观的引领。此外，近代日本通过控制海上运输线，一步步对中国进行贸易输出与资源掠夺，赴日留学生跨海求学与归国后的文化传播等史实，也可挖掘出较充分的爱国元素。现代中日航海，中日两国在海洋环保、海洋开发、船舶制造等方面有广阔的技术合作空间。习近平总书记近年来多次重申"海洋强国"发展方针，因此，课题组在充分解读国家海洋政策的前提下，特别设置了现代航运专题。为保证教材的质量与学术水平，教材编写组还邀请了中日航海交通史研究的知名学者日本关西大学松浦章教授通过在线讲学、座谈等方式进行教材编写指导与审核。此外，还邀请中国水运史研究名家韩庆教授负责审校，特别是思政专题相关内容，中日专家给出了非常中肯的意见和建议。

（三）"情景沉浸"式思政第二课堂建设

课程思政内容链的关键是要采用隐性教学策略，通过恰当的教学活动，达到"潜移默化、润物无声"的效果，避免课程与思政"两张皮"[①]。思政教育不能生搬硬套，牵强附会，而需如盐入水，水到渠成。为此，在充分应用慕课开展线上线下混合式教学的同时，课程团队精心打造了学生易于融入的"文化体验"与"情景沉浸"式第二课堂。为了让"国际化视野"与"爱海""爱国""爱校"的情感教育自然融入日语课程，课程团队精心设计了"创意日料制作周""航海人物故事秀""线上中日港口游"等日本文化体验课

---

① 李晓莉：《大学英语课程思政板块课堂教学内嵌与课程设计——以〈新视野大学英语读写教程〉（思政版）为例》，《英语广场》2022年总第213期，第100页。

堂,还开辟了校史馆、海滩环保考察等"情景沉浸"式第二课堂。学生通过动手制作、分组表演、校史馆观摩(中国航海教育发展史、海大校史、校友事迹)等,结合线上线下课堂学习内容,发表中文、日文演讲,在模拟轮船操作台上抒发自己的情怀,自豪感油然而生,反响热烈。同时,为了让学生有更真切的学习体验和社会经历,还组织学生开展大连海滩环保考察等活动。尽管是外语专业的文科生,但学生通过提前自学统计学方法、海洋环保技术等跨专业知识,自主查阅中日海滩环保资料等,分组建立考察计划、确立数据采集类别等,共同完成大连海滩污染实情调查报告并撰写小论文,报告和论文提交率均超过95%以上。课后很多同学表示愿意继续参加环保志愿者活动,决心把海滩污染情况监测长期坚持下去。这种通过自己动手、动脑进行真实参与、相互合作的方式,加深了课程思政的真实体验,社会考察也让学生有了社会体验与对于现实问题的深刻认识,大大提升了课程思政教育的效果。

(四)检验课程思政效果的"五测十评"综合评价法

为了能够对学生的学习情况与课程思政教学效果进行全面检验,课程团队采取了注重过程性评价的"五测十评"综合评价法。"五测"包括线上线下两部分,其中线上检测包括慕课章末测试与线上期中、线上期末测试,还涵盖线下期中、期末检测,共进行五次试题测评。此外,课程还广泛启用了特色化"十项"专题的综合评价法。其中包括创意假名卡、日式书法秀、创意黏土制作、航海人物剧场、中日港口线上游、校史馆演讲、海滩环保考察等,通过学生自评、小组互评、师生共评等方式,展开多形式、多层次、多角度的评价,将学生日常的日语知识学习、中日航海文化交流史学习和互助学习的效果进行综合测评与考察,改变了传统的"期末一考定成败"的单一评价方式，让学生的学习效果得到了更全面充分的展现。

三、特色化课程思政教学改革的成效

从特色化课程思政教学改革的成效来看，主要表现为以下四个方面：

第一，学习者自主获取知识的能力提升，主人翁意识和社会责任感增强。在航海特色课程建设和课程思政改革过程中，日语专业的学生，除了可以精练掌握第三种语言——日语技能之外，还学习了中日航海文化交流史、现代航海技术等跨专业知识，同时将自己的英语基础有效应用于海事英语学术文献梳理等方面，充分调动了学生发挥外语特长，自主查阅外文文献，自主获取知识的能力。针对日语小语种专业知识框架单一、语言技能训练乏味枯燥、新生入学日语语言基础参差不齐等常见问题，有的放矢地设定了教学目标。此外，古代和近现代中日航海文化交流知识的学习，以史为鉴，让学生的主人翁意识和社会责任感增强。

第二，学习者批判思考与解决问题的能力稳步增长。由于大学日语教学具有零基础起步的特点，传统的教学方法常常是"死记硬背"与"多读多考"，而这样进行教学与重复性训练的结果常常导致学生知识面狭窄，思辨力缺失。如何活用外语提升大学生的批判思考能力，是本次教改内容的重点。"日语与中日航海文化"课程的线下教学，结合线上慕课"日语与中日航海文化"进行知识拓展，有效补充了中日航海文化交流史内容，让学生建立了多维立体的时空知识框架，通过编年体的方式，按照历史年代发展规律，从整体上俯瞰"日语"，深化中日文化理解。采用了"五测十评"综合评价法，从认知能力、思辨能力、动手能力、交流能力、实践能力、爱国情怀等角度综合考查学生"多向成长"目标的达成度。从线上课程讨论单元、动手动脑的特色化作业等完成情况来看，学生的学习兴趣、批判性思维能力和自己动手解决问题能力均得到了锻炼和提升。

第三，教学特色化、纵深化、多元化的国际视野逐步拓展。对于外语专业的大学生而言，国际化视野的建立与逐步拓展是与专业学习同步的。而本教改实践的创新之处在于：一是特色化。常规的国际化视野，更多是平面化、均质化、增量范式的，"多学一门外语即是多开了一扇看世界的窗"即是此理。但事实上，相比泛泛观之，能选取有代表性、有针对性的角度拓展国际视野，才是更有效、更能深化国际理解的正确方式。本教改实践即选取了"中日航海交通史""海上经贸文化往来"的视角，更具针对性和专业化特质，二是纵深化。国际视野的拓展，并非单纯的着眼于现代，只有增加文化交流与互动发展的历史框架，才能使国际视野建设更加动态化、全面深入。本教改实践从先秦时期中国早期赴日漂流移民开始，古代—近代—现代，提纲挈领地纵览古今中日两国跨海文化交流的全貌，有效实现了国际视野的纵深化。三是多元化。外语学习，不能片面地囿于语言知识本身，文史知识的补充与国际视野的拓展，是外语学习者建立多元化、立体化知识框架的基础。有特色、有亮点，多元而开阔的课程结构与内容设置，能够更好地帮助学生增添学习兴趣，提升学习自信心。在"日语"这一语言基础上，强化了具有更深厚人文底蕴的"航海文化"教学，通过这样的"复合化"实现了教学"特色化"发展，也为学生提供了"多元化"成长的广阔空间。实践表明，"高等教育本身即是作为一个与社会、经济、政治、文化、科学技术相互影响的开放性的系统而存在的"①，日语教育改革更不应是割裂的、单一的，而应将日语教学改革的主体、内容等实现联动式发展，才能取得更好的、更有创新意义的效果。

第四，"爱海·爱国·爱校"的价值观多元塑造。通过学校教学完成的当代大学生的价值观塑造，至少需要教师在方式和内容两方面精心设计与自然融入。本团队在课程思政改革方面做了以下工作：首先，思政教育方法上坚持思政元素融入过程如盐入水，自然不做作。语言知识教学与文史视野拓展相结合，将价值观塑造潜移默化地融入慕课建设、教材建设、第二课堂建设全过程。其次，教学内容设计上力求"唤起共鸣"，以共情教育为重。本课程的教学改革，精心选取了"人类命运共同体""海洋环保共护蔚蓝"等与学生所处的生活环境、现代社会问题相关的角度，以自然情感共鸣、携手共护共建等方式融入了日常语言文化教学。最后，在校史馆开辟第二课堂，让学生能够身临其境地进行演讲，带领学生开展社会实践，开展海滩环保情况的实地考察，撰写调查报告，塑造"爱海·爱国·爱校"的价值观与世界观。

四、涉海院校间课程思政建设成果产出与经验共享

《高等学校课程思政建设指导纲要》指出，"全面推进课程思政建设，教师是关键。要推动广大教师进一步强化育人意识，找准育人角度，提升育人能力"。"大学外语教师的课程思政教学能力是提

---

① ［日］福留東土、「比較高等教育研究の回顧と展望」、『広島大学　高等教育研究開発センター　大学論集』、第46集、2014年9月、第158頁。

高课程和人才培养质量的关键保障。"① 随着慕课正式上线和课程思政建设成效的显现，本课程的建课经验收到了来自全国各地日语教学领域同行的支持与积极评价。为了能更好地宣传课程，团队教师除了在微信朋友圈、公众号推广课程外，还建立了"混合课程建设与教改实践"微信群，全国各地有 90 多所高校的 110 名日语教师加入。通过群内交流与日常沟通，课程得到了众多高校日语一线教师的支持，教师们积极帮助我们把课程推荐给学生，课程的选课人数目前已近 15000 人。此外，课程的创新性改革实践与思政建设经验也得到了大连海洋大学、广东海洋大学、上海海事大学等涉海院校老师们的支持，并加入课程建设团队，大家取长补短，互帮互助，共同推进混合课程建设，涉海院校间开展的校际联合教改工作不断显现成效。具体表现在：第一，推进了慕课的持续性建设与逐步完善。精品慕课建设，并非一蹴而就的过程，而是不断补充和更新内容、坚持维护、日臻完善的过程。慕课建设完成上线后，大连海洋大学、大连理工大学、上海海事大学的教师们又录制了与海洋环保、航运去碳化等主题相关的微课，上传到慕课平台后形成了新的高阶知识单元，供学生选修学习。在国家"双碳"计划的大背景下，绿色航运技术成为国家未来关注的重点发展方向。长期以来，日本在海洋环保、智能船舶、低碳航运技术等方面取得了较多的前期成果。慕课的持续性建设过程，课程团队成员也关注了这一重要思政话题，并进行了涉海联盟校的课程思政共建工作。第二，共同参与国家级教学比赛并获奖。通过涉海院校间紧密互动，教学改革经验共享，不但学生在各类比赛中取得了优异成绩，教师团队也积极挑战和共同参与了第七届西浦全国大学教学创新大赛。西浦教学创新大赛，

---

① 张文霞、赵华敏、胡杰辉：《大学外语教师课程思政教学能力现状及发展需求研究》，《外语界》2022 年第 3 期，第 28 页。

是面向中国的高校教师、各学科各专业教师同台竞技的国家级教学比赛，在中国高等教育领域有着较高的影响力。自 2021 年上半年起，4 所涉海院校的教师共同筹划，录制参赛视频，共同攻克教学难题。在长达半年以上的初赛、函评、网评、复赛等各个环节，4 所高校互助互勉，以赛促教，教学效果提升明显。最终取得了团队三等奖的好成绩。第三，共同推进科研工作并获批国家级、省级教学改革项目。随着联盟校教师们教学合作的不断推进，教学科研改革也不断产出新成果。

2021 年 10 月，我们四校教师联合共同申请的全国 MTI 研究生教育改革项目"MTI 日语（笔译方向）特色化教学方法探索——以《航海文献翻译与研究》混合课程建设为例"顺利获批，全国翻译学位研究生项目获批日语 MTI 仅有 3 项。2022 年 10 月，辽宁省普通高等学校本科教学改革研究项目"新文科背景下'日语+'特色课程建设与涉海类院校复合型人才培养的校际合作研究"获批立项。2 年多时间里，团队成员同心协力，迎难而上，在各种挑战中不断实现创新与超越。各类奖项的取得、项目的获批，都说明我们涉海院校团队在特色课程建设、课程思政建设方面做出的尝试与实践，取得的成果已经得到了较广泛的认可与支持，后续也将进一步分析回顾与总结经验，为中国高校日语课程思政教学改革提供更多有益经验。